DAS MÄDCHEN MIT DEM WEINGLAS VON JOHANNES VERMEER

DER LEUTNANT-ADMIRAL CORNELIS TROMP UND DIE WELFEN

Wilhelm Fielitz

Göttingen

2025

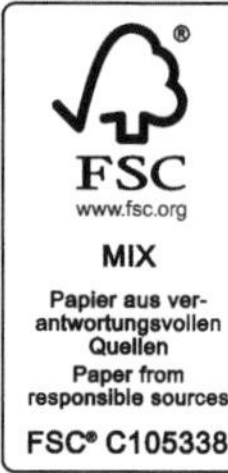

Verlag: BoD · Books on Demand GmbH, Überseering 33,
22297 Hamburg, bod@bod.de
Druck: Libri Plureos GmbH, Friedensallee 273,
22763 Hamburg
ISBN: 978-3-7693-4942-9

Inhalt

<u>Vorwort – Ein Motiv für ein Forschungsprojekt</u>

Warum investiert jemand ohne institutionelle Anbindung und ohne Auftrag in ein Forschungsprojekt? Zwar habe ich eine kunstgeschichtliche Ausbildung, doch ist der kunsthistorische Diskurs nicht mein Diskurs. Ich arbeite als Lehrer, und als Lehrer kam ich zu diesem Thema: Das niedersächsische Zentralabitur sah für den Abiturjahrgang 2024 die Behandlung von Johannes Vermeers Braunschweiger Bild *Das Mädchen mit dem Weinglas* (Herzog Anton Ulrich-Museum) vor. Bei der Bearbeitung des Themas in der Schule sollten die erzählerischen Aspekte des Bildes im Vordergrund stehen. Dabei ist das Gemälde in der Regel als Genrebild betrachtet worden. Mir hat die Vorgabe aus dem Ministerium nicht gefallen: Genrebilder hätte es viele gegeben, gerade aus den Niederlanden des 17. Jahrhunderts, aber dieses Bild passt nicht wirklich in die Gattung – zu rätselhaft und verklausuliert. Im Unterricht haben wir also fantasiert, welche Geschichte mit dem *Mädchen mit dem Weinglas* wohl erzählt wird, und später, als ich tiefer in die Literatur einstieg, wurde mir klar, dass vor uns schon manche ähnlich im Dunklen tappten und die Interpretationen sehr weit auseinandergingen.

Eine ernsthafte ikonografische, geschweige denn ikonologische Analyse ist im schulischen Kontext in der Regel nicht leistbar. Schülerinnen und Schüler können nicht über das nötige Wissen verfügen. Die schulische Arbeit am Bild ist im Wesentlichen bildimmanent: Beschreibung und Formalanalyse stehen im Mittelpunkt. Eine Interpretation bleibt im Rahmen dessen, was auf der dünnen Basis schulischen Lernwissens und der Allgemeinbildung der Schülerinnen und Schüler möglich ist. Jedoch war es ausgerechnet die Formalanalyse, die mir den Schlüssel zu Vermeers Bild geliefert und zum Namen des Protagonisten im Bild geführt hat: Die Anordnung, aber auch die Bedeutungen der Bildelemente sprechen dafür, dass es sich bei der Schlüsselfigur in Vermeers Gemälde um den niederländischen Leutnant-Admiral Cornelis Tromp handelt. Mein Interesse war nun vollends geweckt, so dass ich mich plötzlich in einem ungeplanten und ganz privaten Forschungsprojekt wiederfand, das dann jedoch nicht mehr so zügig von der Hand ging, zumal Familie und Beruf auch bedient werden wollten. Es hat etwa ein Jahr gedauert, bis die Gesamtaussage des Bildes für mich zufriedenstellend entschlüsselt war und über die Archivalien im Niedersächsischen Landesarchiv in Hannover das besondere und vielschichtige Verhältnis des dargestellten Cornelis Tromp zu den Welfen nachgewiesen werden konnte. Es sieht nicht so aus, als wäre das Gemälde zufällig in welfischen Besitz gelangt.

Das Bild erzählt viele Geschichten. Während die zentrale Aussage des Gemäldes sich sehr klar nachweisen und begründen lässt, gibt es eine Reihe von Nebenschauplätzen, deren Interpretation gewagter ist. So erscheint mir die Begründung für mein Verständnis des Buntglasfensters im Bild eher kühn. Dennoch sollen meine Gedanken auch dazu zur Diskussion gestellt werden. Vielleicht können sie nachfolgenden Forschungen als Steinbruch dienen, so wie die vielen guten Ideen und Ansätze meiner Vorgängerinnen und Vorgänger mich auf spannende Spuren gebracht haben.

Göttingen, im Juni 2025

<u>Einleitung – Kategorien anders sehen</u>

Das Mädchen mit dem Weinglas ist ein Interieur mit einer Gruppe von drei Personen. Die Szene, die dem Bild seinen Namen gegeben hat, zeigt eine Frau in einem prächtigen roten Kleid, die mit Unterstützung eines Herrn ein Weinglas führt. Johannes Vermeer hat es nach gängiger Datierung zwischen 1658 und 1660 mit etwa 27 Jahren gemalt. Das Bild befand sich wahrscheinlich bereits zu Lebzeiten des Künstlers in der Sammlung des Ehepaars Pieter Claesz van Ruijven und Maria de Knuijt und wird mit einem Gemälde identifiziert, das bei der Versteigerung der Bilder aus dem Nachlass von deren Schwiegersohn Jacob Abraham Dissius 1696 unter dem Titel „Een vrolyk geselschap in een Kamer" mit weiteren Arbeiten Vermeers den Besitzer wechselte. Spätestens 1710 ist es Teil der Sammlung des Herzogs Anton Ulrich von Braunschweig und Wolfenbüttel.[1]

Bei der Interpretation des Bildes ist häufig auf seine Mehrdeutigkeit hingewiesen worden.[2] Dennoch sind sich die Autorinnen und Autoren

---

[1] John Michael Montias: Vermeer and his Milieu. A Web of Social History. New Jersey 1989. S. 255 und Dok. Nr. 439. Pos. 9. Vgl. auch Silke Gatenbröcker: Johannes Vermeer. Genau beobachtet, verführend gemalt. Vortrag im Rahmen der Ausstellung „Johannes Vermeer. Vom Innehalten". Staatl. Kunstsammlungen Dresden, Gemäldegalerie, 23.11.2021 (https://www.youtube.com/watch?v=aaaQJN9XTBs). 44:15 min, hier 2:20. Montias und Gatenbröcker beziehen sich auf Gerhard Hoet: Catalogus of naamliyst van schilderijn met derzelver prijzen. Bd. 1. Den Haag 1752. S. 34, Nr. 9 (https://archive.org/details/catalogusofnaaml01hoet/page/34/mode/2up).
[2] Z. B. Margaretha Rossholm Lagerlöf: A Painting whithout Genre. Meaning in Jan Vermeer's The Girl whith the Wine Glass. In: Konsthistorisk tidskrift, 79 (2), 2009. S. 77-91, hier S. 78.

in einem Punkt grundsätzlich einig: Es handelt sich um ein Genrebild[3], ob es nun um eine Anbahnung, eine Verführung, um eine artige Unterweisung im Weintrinken[4] oder eine Brautwerbung[5] geht. Diese Mehrdeutigkeit, auch darin sind sich viele einig, ist dem barocken Genrebild inhärent. Die „Polysemie" dieser Bilder wird unter anderem auf das Fehlen einer „Pre-set-Solution" zurückgeführt: Das Genrebild folgt keinem traditionellen ikonografischen Muster.[6] Verkompliziert wird die Dekodierung, wenn die Ursache der Mehrdeutigkeit darin liegt, dass der Kern der Botschaft vom Künstler bewusst „bemäntelt und verschattet" wurde, um es dem Rezipienten nicht zu einfach zu machen und damit die Qualität des Bildes zu steigern.[7] Es wird sich zeigen, dass Vermeer bei der Thematik des Bildes auch mit Zensur rechnen musste und die Inhalte vielleicht auch deshalb verschleiert hat.

---

[3] Z. B. Theophil Thoré: Jan Vermeer van Delft. Deutsch von Paul Prina. Leipzig 1906. S. 77. Gatenbröcker: Johannes Vermeer. 3:11.

[4] Nanette Salomon: From Sexuality to Civility: Vermeers Women. In: Ivan Gaskell u. Michiel Jonker (Hg): Vermeer Studies (Studies in the History of Art, 55). New Haven, London 1998. S. 309-322, hier S. 321-322. Auch Gatenbröcker: Johannes Vermeer. 6:24.

[5] Horant Fassbinder: Reflexionen über die Liebe. Jan Vermeers Mädchen mit dem Weinglas im Herzog Anton Ulrich-Museum Braunschweig. Köln 2010. S. 13-19 (https://archiv.ub.uni-heidelberg.de/artdok/5615/1/Fassbinder_ Reflexionen_ueber_die_Liebe_2008.pdf, zuletzt geöffnet 10.1.2025). Auch erschienen in: Victoria von Flemming u. Alma-Elisa Kittner (Hg): Barock – modern? (Graue Reihe). Köln 2010. S.184-242.

[6] Lagerlöff. S. 78. Vgl. auch Nils Büttner: Vermeer. München 2010. S. 71-71. Dazu auch Gatenbröcker: Johannes Vermeer. 6:00 und insb. 42:49.

[7] Vgl. Büttner. S. 71. Büttner bezieht sich auf Jacob Cats: Spiegel van den ouden ende nieuvven tijdt, bestaende uyt spreeck-woorden ende sinsreucken. 's-Gravenhage 1632 (Vorwort, S. 4-5). (https://archive.org/details/ spiegelvandenoud00cats/page/n12/mode/2up)

In diesem Zusammenhang muss die Bildgattung infrage gestellt werden: *Das Mädchen mit dem Weinglas* wird zwar in der Regel als Genrebild verstanden, doch passt es innerhalb dieser Gattung eigentlich in kein Schema. Für Franzsepp Würtenberger repräsentiert Vermeers Gemälde die reinste Form des holländischen Gesellschaftsbildes. So könnte es etwa das „Luxusleben einer neuen, jungen Elite" thematisieren. Das Gesellschaftsbild zeichnet sich jedoch nach Definition Würtenbergers dadurch aus, dass jede Person im Bild unter dem Gesetz eines gemeinsamen Handelns steht.[8] Dies ist nun gerade bei diesem Bild nicht der Fall. Grundsätzlich ließen sich bei der Darstellung auch Porträtähnlichkeiten annehmen,[9] ein gattungsmäßiger Porträtcharakter ist jedoch nicht erkennbar.[10] Im Hinblick auf das Œuvre Vermeers wäre zudem eine Allegorie möglich. Mit der *Malkunst*[11] und der *Allegorie des Glaubens*[12] liegen zwei Beispiele vor.

Es wird im Folgenden die These aufgestellt, dass es sich bei dem Bild *Das Mädchen mit dem Weinglas* nicht um ein Genre- oder ein Gesell-

---

[8] Franzsepp Würtenberger: Das holländische Gesellschaftsbild. Freiburg i. Br. 1937. S. 87, 49. Zum „Luxusleben" Gatenbröcker: Johannes Vermeer. 6:24 und 11:00.

[9] Huib J. Zuidervaart: Een nieuwe theorie over twee schilderijen van Johannes Vermeer (1632-1675). In: Delfia Batavorum Jaarboek, 28, 2018. S. 9-32. Englische Übersetzung: A New Theory on the Origin of Two Paintings by Johannes Vermeer (1632-1675) of Delft (2019). S. 8-9 (http://www.essentialvermeer.com/history/2019-05-Zuidervaart-A-New-Theory-on-the-Origin-of-Two-Paintings-by-Vermeer.pdf).

[10] Dazu Gatenbröcker: Johannes Vermeer. 38:30.

[11] Johannes Vermeer, Die Malkunst, ca. 1666-1668, Öl auf Leinwand, 120 cm x 100 cm. Kunsthistorisches Museum, Wien.

[12] Johannes Vermeer, Allegorie des Glaubens, ca. 1670, Öl auf Leinwand, 114,3 cm x 88,9 cm. Metropolitan Museum of Art, New York.

schaftsbild handelt, sondern um eine Allegorie. Die vermeintliche Genreszene mit ihren moralischen Implikationen ist nicht das Thema, sondern sie dient dem Maler zur Darstellung und Bewertung einer konkreten historischen Situation. Von der Formalanalyse ausgehend lassen sich zunächst als herausragende Auffälligkeit die Anordnung der Farben im Vordergrund des Bildes und die Person hinter dem Tisch als das eigentliche Gegenüber des Betrachters herausstellen. Die ikonografischen Aspekte, die zum Teil bereits von unterschiedlichen Autoren bearbeitet und diskutiert wurden, können schließlich auf Vermeer und seine Zeit bezogen werden. Es wird sich zeigen, dass Vermeer die allegorischen Bezüge ausgesprochen verdichtet hat. Personen hat er anhand ihrer Attribute und teils recht deutlicher Porträtähnlichkeiten kenntlich gemacht. Auch ein konkreter politischer Gestaltungsanlass ist auszumachen. Die folgende Untersuchung rückt damit in die Nähe von Arbeiten, die in Vermeers Bildern Hinweise auf politische und kirchenpolitische Haltungen erkannt haben – etwa seine positive Einstellung zu den Oraniern oder den Wunsch des Malers nach einer Wiedervereinigung der 17 niederländischen Provinzen.[13]

---

[13] Zu Vermeers Wunsch nach einer staatlichen und kirchlichen Einheit vgl. u. a. Jan Biermond. In: Vermeer – Die Malkunst. Spurensicherung an einem Meisterwerk. Eine Ausstellung des Kunsthistorischen Museums Wien. Hg. v. Sabine Haag, Elke Oberthaler u. Sabine Pénot. Wien 2009. S. 165-167, hier S. 167. Vgl. auch Norbert Schneider: Johannes Vermeer. 1623-1675. Verhüllung der Gefühle. Köln 1993. S. 82-84, und Norbert Schneider: Vermeers „Atelier"-Bild in Wien. Versuch einer Neudeutung. Abschiedsvorlesung gehalten am 19. Mai 2010. Karlsruhe 2011. Insb. S. 15-17, 43.

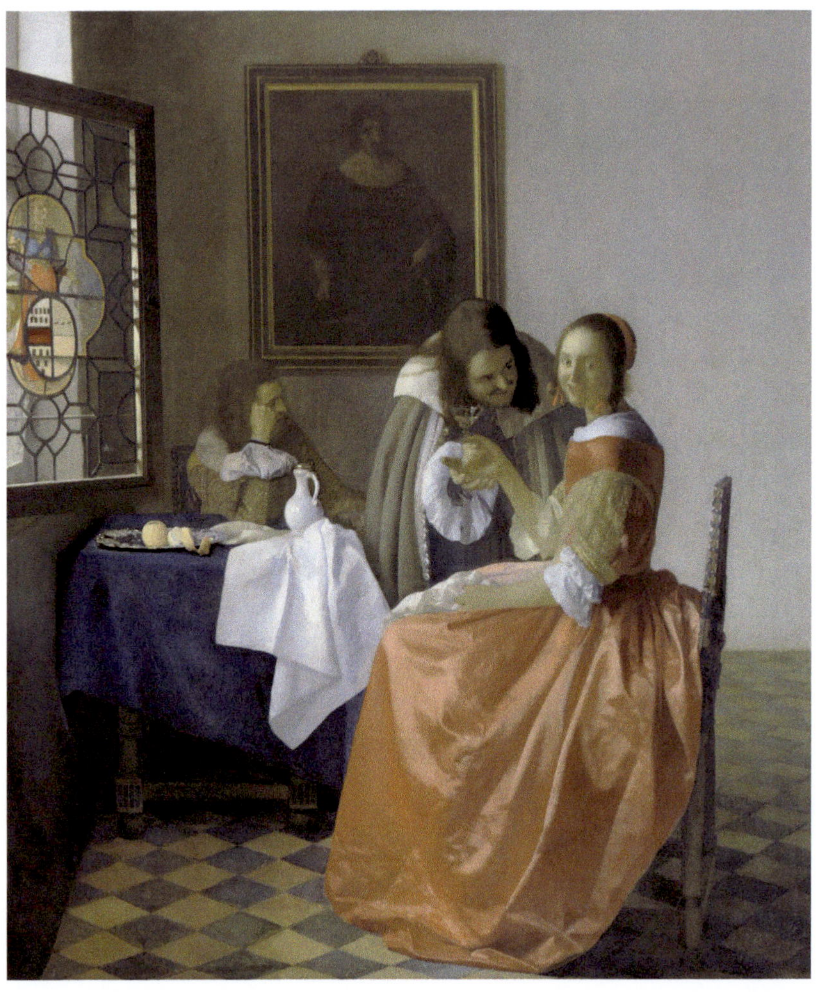

Abb. 1: Johannes Vermeer, Das Mädchen mit dem Weinglas, 1658-1659, Öl auf Leinwand, 78 cm x 67 cm. Herzog Anton Ulrich-Museum, Braunschweig.

<u>Bildstrukturen – Die Formalanalyse als Grundlage der Interpretation</u>

Im Vordergrund des Bildes sitzt sehr aufrecht eine junge Frau in einem auffälligen roten Kleid. Sie schaut den Betrachter des Bildes an und hält ein Weinglas in ihrer Rechten. Ein Herr beugt sich über sie und scheint ihre Hand mit dem Glas zu führen, ohne sie jedoch zu berühren. Von links schiebt sich ein weißes Tuch zwischen die beiden Personen. Es liegt auf einem Tisch mit einer blauen Tischdecke. Darauf stehen mehrere Gegenstände: ein metallener Teller mit zwei Zitrusfrüchten, die hier als Orange und als eine teilweise geschälte Zitrone verstanden werden, rechts daneben ein weißer Gegenstand, der in der Regel als Tabaksbeutel gedeutet wird, sowie ganz rechts eine weiße Schenkkanne. Hinter dem Tisch sitzt ein weiterer Herr, der seinen Kopf teilnahmslos auf seine Hand stützt. Überragt wird die Gruppe von dem Porträt einer vierten Person, das als Bild im Bild die hintere Wand des Raumes ziert. Licht erhält der Raum durch ein halb geöffnetes Buntglasfenster auf der linken Bildseite. Im Glas ist eine Frau dargestellt, die ein Wappen trägt. Das Mobiliar des Raumes ist mit zwei Stühlen und einem Tisch sehr spärlich. Der Boden besteht aus diagonal verlegten, gelben und schwarzen Fliesen. Die Konstruktion des Raumes ist für Vermeer typisch. Es gibt keine Durchbrüche, keinen Blick aus dem Raum und keine wirkliche Tiefe.

Die Anordnung der Bildelemente durch Vermeer ist raffiniert durchdacht. Die Frau im roten Kleid ist der Blickfang des Bildes. Ihr Blick aus dem Bild provoziert den Betrachter. Man schaut sie an, auch der Kavalier, der ihre Hand führt, tut es. Im Bildraum sind die Bildelemente grundsätzlich in die Tiefe gestaffelt: Der jungen Frau folgen der Kavalier, dann etwa auf gleicher Höhe der Tisch, dann der Herr hinter dem Tisch und schließlich das Porträt an der Rückwand. In der räumlichen Anordnung wenig plausibel ist das weiße Tuch, das sich zwischen den Herrn und die Dame schiebt. Es ist kaum vorstellbar, dass hier genug Raum für das Tuch ist, zumal es offensichtlich von den Personen nicht einmal berührt wird.

Die drei Personen und das Porträt bilden eine Dreieckskomposition. Aus dieser Struktur fällt das Fenster heraus. Es ist weder Teil dieses Kompositionsschemas, noch nimmt es abgesehen vom Licht und ansatzweise von der Farbgebung irgendeinen Bezug zu den übrigen Bildgegenständen. Es gibt hier keine Überschneidungen, auf die Vermeer bei den anderen Bildelementen offensichtlich viel Wert gelegt hat. Auch folgt das halb geöffnete Fenster eigenen Fluchtpunkten.

Der Fluchtpunkt des Raumes lässt sich dank Vermeers Präzision klar ermitteln (Abb. 2). Er liegt am Hinterkopf des Mannes am Tisch, der unbeteiligt seinen Kopf auf seinen Arm stützt. Damit wird er formal zum Gegenüber des Betrachters und kann als zentrale Figur gelten, zumal der Blick des Betrachters durch den Korridor zwischen Fensterwand und Paar direkt auf ihn geführt wird. Der Gegensatz der beiden etwa auf dem Horizont liegenden Positionen der Dame und des Herren am Tisch wird nicht nur anhand des gleichen Abstands ihrer Köpfe zur Mittelsenkrechten deutlich. Auch ihre Anordnung in der Raumtiefe, ihre Körperhaltungen und Stimmungen stehen für ihren Antagonismus.

Der Horizont liegt im Goldenen Schnitt, der den Aufbau des Bildes in wesentlichen Teilen bestimmt: die Position des Bildes an der Wand, das Gesicht des Kavaliers, den linken Unterarm der Dame. Zwischen diesem Arm und dem Gesicht des Mannes liegt die scheinbar entscheidende Szene: Das Führen des Weinglases, Blicke und Bewegungen, Köpfe und Hände dominieren die Handlung,[14] und dieser verhältnismäßig kleine, aber aufgrund von Farbgebung, Mimik und Gestik wirkungsvollste Bereich des Bildes mag die Ursache dafür sein, dass hier bislang der Fokus der Interpretationen lag und das Bild in der Regel als Genrebild verstanden worden ist, obgleich der Herr hinter dem Tisch formal die prominentere Position einnimmt.

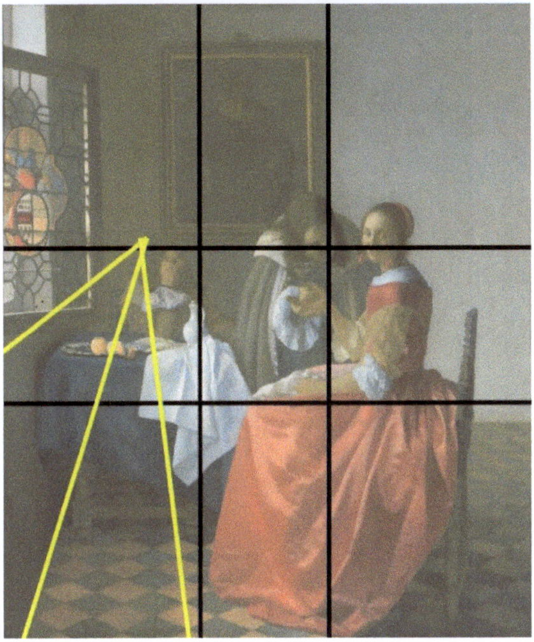

Farblich ist das Rot des Kleides das auffälligste Moment. Als warme Farbe, die sich in den Vordergrund drängt, unterstützt das Rot die räumliche Anordnung und nimmt einen großen Teil des Bildraumes ein. Das Rot des Kleides und das Blau der Tischdecke sind abgesehen von dem Gelb der Zitrusfrüchte die dominierenden reinbunten Farben im Bild. Die zunehmenden Eintrübungen der gedeckteren Töne in der Bildtiefe reduzieren die

Abb. 2: Johannes Vermeer, Das Mädchen mit dem Weinglas, die Fluchtlinien (gelb), der Goldene Schnitt (schwarz).

---

[14] Vgl. dazu Würtenberger. S. 87.

Kontraste zum Hintergrund so stark, dass sich die Züge des Por-
trätierten an der Rückwand des Raumes kaum noch erkennen lassen.
Der stärkste Kontrast liegt im Bereich des weißen Tuchs auf dem
Tisch.

Der Farbauftrag ist im Wesentlichen in lasierenden Schichten angelegt
und ist ausgesprochen nuanciert. Die feinen Abstufungen lassen den
Pinselduktus zurücktreten. Typisch für diese Malweise ist das
Changieren der Farbnuancen etwa zwischen den Gelb- und Blautönen
auf der Rückwand: Eine Erscheinungsfarbe komponiert aus unzähligen
Farbreflexionen und Schattierungen entspricht der Oberfläche einer
scheinbar weißen Wand. Der Farbauftrag transportiert Licht und
Stimmung eines Moments. Wieder ist das weiße Tuch auf dem Tisch
auffällig, denn hier wäre der Dame gegenüber auch eine Reflexion des
roten Kleides zu erwarten gewesen. Stattdessen dominieren die
Blautöne.

<u>Die Bildgegenstände und ihre Bedeutungen – Alternativen im Diskurs</u>

Die Analyse hat insbesondere Auffälligkeiten bei den weißen Anteilen
des Bildes herausgestellt: die größten Kontraste, die fehlende
Reflexion des roten Kleides und die räumliche Staffelung, nach der der
Kavalier hinter dem weißen Tischtuch steht. Beim Weiß war Vermeer
zudem darauf bedacht, hier eine größere Fläche zu schaffen, indem er
auch den weißen Tabaksbeutel ausgerechnet am weißen Tuch anordnet
und nicht davon getrennt auf der blauen Tischdecke platziert. Ein
weiteres weißes Tuch auf dem Schoß der Frau schließt hier ebenfalls
an. Die so entstandene weiße Fläche bildet mit dem Blau des
Tischtuchs und dem Rot des Kleides den Vordergrund. Es ist kaum
vorstellbar, dass Vermeers Zeitgenossen hier nicht die Farben der

niederländischen Flagge erkannt haben, zumal sie gesellschaftliche Diskurse prägten: Nach dem Putschversuch Wilhelms II. von Oranien 1650 wurde die Prinsenvlag in den Farben Orange, Weiß, Blau zunehmend von den Farben Rot, Weiß, Blau verdrängt. Sie setzten sich zwischen 1653 und 1660 als Statenvlag in der Republik der Vereinigten Niederlande durch.[15] Wir befinden uns etwa im Entstehungszeitraum des Bildes, in dem die Flagge zum Symbol der politischen Spaltung der niederländischen Gesellschaft wird: Die Prinsenvlag taucht ab 1653 regelmäßig im Zusammenhang mit dem orangistischen Widerstand gegen Entscheidungen der republikanischen Regierung Johan de Witts auf – etwa Rekrutierungen für den Krieg gegen England.[16] Auch wenn die Dame im Rot der Statenvlag ihr Glas also auf die Republik zu erheben scheint, so wird doch deutlich, dass Vermeer diese Geste nahezu verachtet: Die meisten Autorinnen und Autoren sind sich darin einig, dass die Genreszene des Vordergrundes im Delft des 17. Jahrhunderts als unmoralisch verstanden worden sein wird.

Die junge Frau mit ihrem roten Kleid würde im Genrebild zwischen Wein und Verführung den Leichtsinn repräsentieren, der im Sinne der moralischen Interpretationen nach Tugenden wie Klugheit und Mäßigung, Prudentia und Temperantia, verlangte. Die Dame wurde aufgrund des Wappens im Fenster aber auch der Familie van Nederveen zugeordnet: Das Bild sollte eine Mahnung an die

---

[15] Johannes Cornelis de Jonge: Over den oorsprong der Nederlandsche vlag. Den Haag 1831. S. 79 (https://www.digitale-sammlungen.de/de/view/bsb 10273828?page=,1).
[16] Herbert H. Rowen: John de Witt. Grand Pensionary of Holland. 1625-1672. Princeton, New Jersey 1978. S. 89-90.

mutmaßlich dargestellte Braut, Barbara van Nederveen, sein. Anlass der Auftragsarbeit wäre die Vermählung der jungen Frau mit dem verwitweten Prediger Johannes van der Slaert 1660.[17] Die These, es handele sich bei dem Bild um ein Geschenk für die Braut, ist jedoch wegen ihrer unvorteilhaften Darstellung sicher zu Recht zurückgewiesen worden.[18] Die Frau ist „riesengroß".[19] Dass sie ihre Zähne zeigt, wird auch als Zeichen eines niedrigeren Status oder als kindlicher Ausdruck interpretiert.[20] Sie wirkt debil, vielleicht steht sie unter Alkoholeinfluss.[21] Die Stimmung hat etwas Bedrückendes,[22] wobei ihr als „La Coquette"[23] die Rolle der Verführerin zukäme. Wenn man aber das Bild als politische Allegorie deutet, stünde die Dame im Rot der Statenvlag für die Republik: eine junge Frau, die zwar recht züchtig gekleidet erscheint, aber als leichtsinniges Mädchen im Sinne einer Res Publica allen gehört. Die unvorteilhafte Form ihrer Darstellung steht für Vermeers ablehnende Haltung gegenüber der oligarchisch geprägten Republik.

---

[17] Zuidervaart. S. 5.

[18] Vor allem Gatenbröcker weist ausführlich auf die Problematik von Zuidervaarts These hin. Gatenbröcker: Johannes Vermeer. 34:30.

[19] Silke Gatenbröcker: Im Fokus. Das Mädchen mit dem Weinglas (Johannes Vermeer). (https://www.youtube.com/watch?v=-dKI8dbgTdg). 9:42 min, hier 2:56.

[20] Salomon. S. 319.

[21] Büttner. S. 69.

[22] Christiane Hertel: Vermeer. Reception and Interpretation. Cambridge 1996. S. 61.

[23] Théophile Thoré: Van der Meer de Delft (1). In: Gazette des beaux-arts: la doyenne des revues d'art, 21, 1866, Nr. 4. S. 297-330, hier S. 316 (https://doi.org/10.11588/diglit.19278.28).

Als historische Person identifizierbar ist hingegen der Herr, der scheinbar unbeteiligt im Hintergrund am Tisch sitzt und seinen Kopf auf seine Hand stützt. Wie formalanalytisch herausgestellt, ist er das Gegenüber des Malers und befindet sich an der herausragenden Position im Bild, auch wenn er im Hintergrund beschattet eine Nebenrolle zu spielen scheint. Der Mann ist sehr unterschiedlich gedeutet worden. Mal ist er derjenige, in dessen Auftrag die Dame mit Alkohol gefügig gemacht werden sollte, mal wurde er betrunken gemacht, damit das Paar nicht gestört wird,[24] oder er ist einfach „saturated with wine and tobacco"[25] und schläft[26] oder döst.[27] Er wird auch als „Anstandsdame" bzw. Chaperone verstanden, der die Situation sittlich überwacht. Ebenfalls denkbar ist, dass dieser Mann als eine gleichsam synchrone Darstellung des Verführers im Vordergrund eine Sequenz „erwachender Lust" darstellt.[28] In manchen Merkmalen ähneln die beiden Herren sich tatsächlich. Im Detail gibt es jedoch Unterschiede, die Vermeer bei dieser Intention nicht gemacht hätte. Und warum sollte sich der Verführer für sein Projekt den Mantel umwerfen? Grundsätzlich würde seine Anwesenheit eine Verführungsszene stören. Der Mann im Hintergrund ist deshalb eine wesentliche Ursache dafür, dass an der Interpretation als Genrebild gezweifelt werden kann.

---

[24] Gatenbröcker: Im Fokus. 5:24.

[25] Hertel. S. 56.

[26] Büttner. S. 69.

[27] Wayne Franits: Dutch Seventeenth-Century Genre Painting. New Haven, London 2004. S. 170.

[28] Lagerlöff S. 87. Auch Snow hält es für möglich, dass es sich zwei Aspekte desselben Mannes handelt. Vgl. Edward A. Snow: A Study of Vermeer. Berkeley, Los Angeles, London 1979. S. 48.

Kompositorisch sind dem Mann am Tisch das Silbertablett mit den Zitrusfrüchten, der Tabaksbeutel sowie die Schenkkanne zugeordnet. Sie lassen sich entsprechend barocker Mehrdeutigkeit auf diverse andere Bildelemente beziehen: Die Kanne stellt einen inhaltlichen Zusammenhang zum Weinglas der Verführungsszene her. Die Zitrusfrüchte sind mal als Orangen und mal als Zitronen gedeutet worden. Im Sinne einer moralischen Auslegung der Verführungsszene könnten sie für verbotene Früchte stehen, als Symbol für einen „Genuss, der später reut".[29] Es wird auch über die aphrodisierende Wirkung dieser Früchte spekuliert bzw. ihre abmildernde Wirkung bei einem Liebestrank. Der vermeintlich schwermütige Mann am Tisch wäre dann das Opfer der Überdosis eines Aphrodisiakums.[30] Es wird auch darauf verwiesen, dass man mit Zitronen den Wein gewürzt habe.[31] Tatsächlich scheint sich ein Stück Zitronenschale in dem Glas der Dame zu befinden. In der freudianischen Interpretation von Edward Snow findet sich die Vorstellung, dass die Früchte als Paar auf einem Teller liegen und eine von ihnen halb geschält, also gleichsam schon halb nackt sei, womit wieder ein Zusammenhang zur Verführungsszene hergestellt wäre.[32] Der Tabaksbeutel und die Schenkkanne hingegen werden meist pauschal als Symbole für Rausch und Luxus gedeutet.

---

[29] Gerhard W. Menzel: Jan Vermeer. Leipzig 1977. S. 51.
[30] Schneider: Johannes Vermeer. S. 36.
[31] Gatenbröcker: Im Fokus. 5:28.
[32] Vgl. Snow. S. 48.

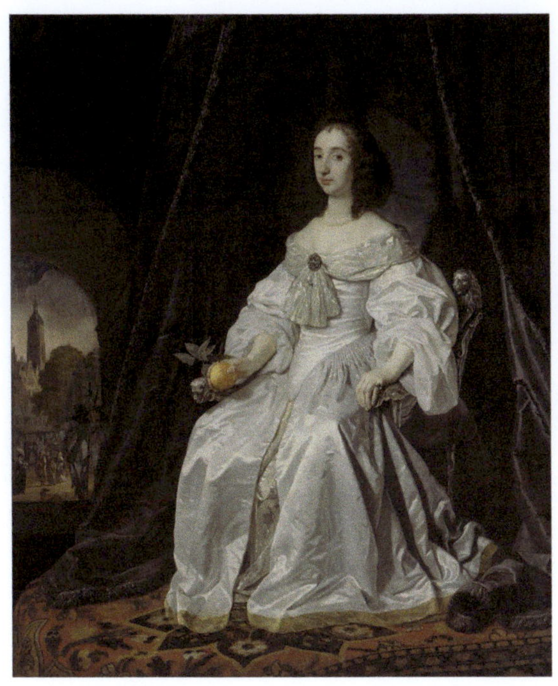

Abb. 3: Bartholomeus van der Helst, Maria Stuart als Witwe von Wilhelm II, 1652, Öl auf Leinwand, 199,5 cm x 170 cm, Rijksmuseum, Amsterdam.

Die kompositorische Zuordnung der Gegenstände auf dem Tisch zu der Person im Hintergrund macht sie jedoch zu Attributen. Als Pendant zur Personifikation der Republik rechts im Bild wäre links ein Orangist zu vermuten und die Orange, die auf dem metallenen Teller liegt, gibt hier einen deutlichen Hinweis, denn ihre Symbolik war geläufig: Bartholomeus van der Helst hat die Orange als Bekenntnis zum Haus Oranien bei seinem Porträt von *Maria Stuart als Witwe von Wilhelm II.* ostentativ ins Bild gesetzt (Abb. 3). Und nach einer Anekdote hat der holländische Ratspensionär Johan de Witt einmal das Geschenk einer Orange abgelehnt. Süffisant soll er darauf hingewiesen haben, dass der Grund dafür nicht seine „Vorurteile" gegenüber Orangen seien.[33]

---

[33] Rowen. S. 168.

Eine besondere Beziehung zu Orangen hatte auch der Marineoffizier Cornelis Maartenszoon Tromp (1629-1691), ein Prototyp des radikalen Orangisten, der als Gegenpart zur rechts dargestellten Republik

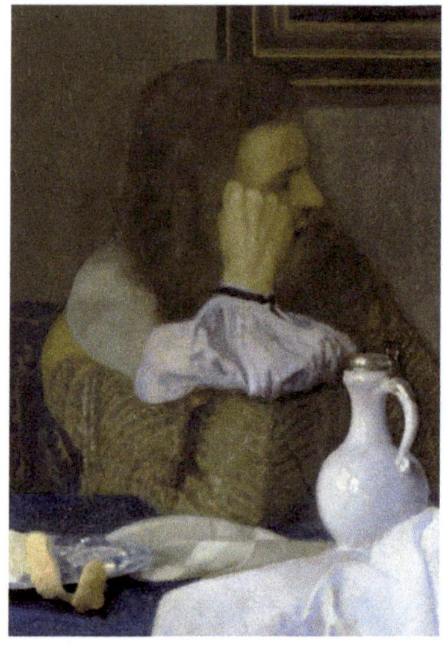

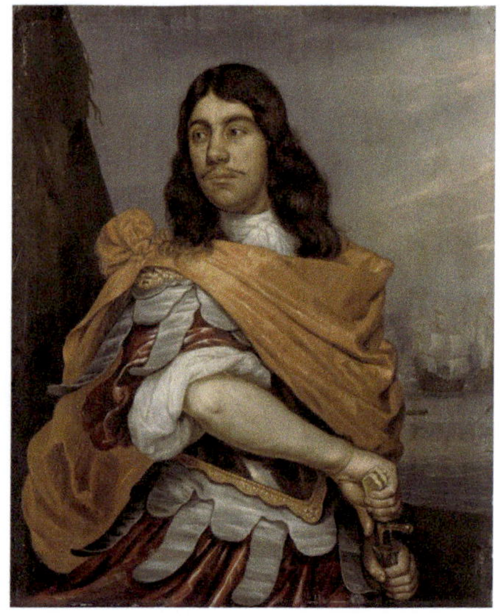

Abb. 4: Johannes Vermeer, Das Mädchen mit dem Weinglas, Ausschnitt: Der Mann am Tisch.

Abb. 5: Abraham Evertsz. van Westerveld, Cornelis Tromp, datiert 1650-1692, Öl auf Holz, 40 cm x 33 cm. Rijksmuseum Amsterdam.

angenommen werden kann. Es wird sich zeigen, dass seine Orangenbäume 1673 Teil eines Skandals wurden, der Tromp mit den Welfen verband und vielleicht die Existenz des Bildes 1710 in Salzdahlum erklärt. Tatsächlich gibt es – soweit im Bild erkennbar – eine vage Ähnlichkeit des dargestellten Mannes am Tisch mit dem glühenden Oranier, Draufgänger und insbesondere Gegner der republikanischen

Regierung de Witt (Abb. 4, 5). Wie Horant Fassbinder nachgewiesen hat, weist die Kleidung den Herrn in Vermeers Bild als Offizier aus.[34]

Beachtlich an der Gestalt am Tisch ist die Hand, auf die sie ihren Kopf stützt. Sie ist derart zur Faust geballt, dass die Sehnen deutlich hervortreten, deutlicher als etwa bei Dürers Melencolia. Der Mann schläft nicht, er ist eher verzweifelt und zornig. Tromp hasste die Republik und insbesondere den Ratspensionär Johan de Witt und dessen Bruder Cornelis als deren herausragende Vertreter. 1672 sollte Tromp zu denjenigen gehören, die den Mob zum Lynchmord an den Brüdern anstifteten. Es gibt Hinweise darauf, dass er der Schändung ihrer Leichen beiwohnte.[35]

Auch die anderen Attribute auf dem Tisch beziehen sich auf Cornelis Tromp: Der Tabaksbeutel mag in der Tradition vorangegangener Deutungen für Luxus stehen, was grundsätzlich zu Tromps Lebensstil passen würde. Dass der Tabaksbeutel jedoch offensichtlich leer ist und die obligatorische Pfeife fehlt, ist ein Sonderfall in der niederländischen Genremalerei und lässt das Attribut sehr konkret werden: Nach einem Skandal um die Nutzung seiner Kriegsschiffe für den Handel von Luxusgütern wurde Tromp 1658 zum ersten Mal das Kommando entzogen.[36] Als Tromps Nebenerwerb aufflog, wurde der Tabak, den er

---

[34] Vgl. dazu Fassbinder. S. 27. Fassbinder nennt als Vergleich: Gerard ter Borch, Offizier einen Brief schreibend, um 1658/59, Öl auf Leinwand, 74,5 cm x 51 cm, London National Gallery; Gerard ter Borch, Offizier, einen Brief diktierend, um 1658/59, Öl auf Leinwand, 56,8 cm x 43,8 cm, Philadelphia Museum of Art.

[35] Rowen. S. 875-881.

[36] Ronald Prud'homme van Reine: Schittering en Schandaal. Biografie van Maerten en Cornelis Tromp. Amsterdam, Antwerpen. 2001. S. 230.

zuvor in Cádiz gekauft hatte, unter seiner Mannschaft verteilt und verkauft.[37] Eine solche Geschichte wird auch Jahre später noch allgemein bekannt gewesen sein, und das Fehlen einer Pfeife neben dem leeren Tabaksbeutel im Bild lässt sich als Hinweis auf dieses Ereignis deuten. Die Schenkkanne stünde im Genrebild grundsätzlich für Alkoholkonsum und würde moralisch zur Temperantia mahnen. Als Attribut für den Leutnant-Admiral Cornelis Tromp wäre die Schenkkanne jedoch ebenfalls ausgesprochen konkret: Tromp war ein Trinker und sein Ruf entsprechend. An Land soll er nach einem zeitgenössischen Bericht beinah ständig betrunken gewesen sein.[38] Sein Alkoholkonsum wird auch für seinen körperlichen Verfall im Alter und seinen von Gewissensbissen geprägten, schweren Tod 1691 verantwortlich gemacht. Ob die Spiegelungen auf der Kanne für die Eitelkeit des hier Dargestellten stehen, der sich in zahlreichen Porträts hat abbilden lassen?

Der orangistische Leutnant-Admiral Tromp war den republikanischen Regenten wegen seiner Haltung und seines launischen und streit-süchtigen Charakters ein Dorn im Auge[39] und die Situation, in der Vermeer Tromp dargestellt hat, bezieht sich auf einen Skandal, der die Öffentlichkeit bewegt hat: Als es Anfang August 1666 in der Seeschlacht bei North Foreland während des Zweiten Englisch-Nieder-ländischen Krieges zu einer Niederlage der Niederlande kam und Admiral Michiel de Ruyter (1607-1776) sich über Tromps mangelnde Unterstützung im Gefecht beklagte, kam es zu einem offenen Konflikt

---

[37] Ebda. S. 223.
[38] Ebda. S. 232.
[39] Rowen. S. 590. Vgl. auch. Prud'homme van Reine. S. 263-264.

zwischen Tromp und seinem vorgesetzten Admiral, zumal Tromp seinerseits de Ruyter vorwarf, seine Offiziere in der Schlacht im Stich gelassen zu haben. Dies nahm die Admiralität zum Anlass, den unliebsamen Tromp zu entlassen. Dabei hatte der stolze Tromp sogar eine Entschuldigung angeboten und wäre bereit gewesen, als einfacher Kapitän unter de Ruyter zu dienen. Dass die Admiralität sich nicht umstimmen ließ, mag an einem vorangegangenen Schreiben des gereizten und gekränkten Tromp an die Generalstaaten gelegen haben, in dem er wenig diplomatisch seinen Standpunkt vertrat und sogar mit Meuterei gedroht hatte.[40]

Die Absetzung Tromps wurde von großen Teilen der Bevölkerung nicht nur als zu hart, sondern auch als ungerecht empfunden: Wohl durch die Windverhältnisse war in der Schlacht die von Tromp angeführte Nachhut von Admiral de Ruyter getrennt worden. Die verlorene Schlachtordnung hatte zu hohen Verlusten und schließlich dem Rückzug de Ruyters geführt. Es war jedoch auch Tromps Entscheidung, seinen Kampf an der Nachhut fortzusetzen und sogar die Verfolgung englischer Schiffe aufzunehmen.[41] Tromps Erfolg in der Schlacht stand in deutlichem Widerspruch zu de Ruyters Niederlage, und die Öffentlichkeit nahm rege Anteil an dem als ungerecht empfundenen Urteil des Kriegsgerichts und der Entlassung Tromps. Es gab Unruhen, Loblieder auf Tromp wurden gesungen und Pamphlete zu seiner Verteidigung verfasst.[42] Insbesondere Cornelis van Aerssen, her van Sommelsdijk (1637-1688), der Tromp in der Schlacht als

---

[40] Ebda.
[41] Prud'homme van Reine. S. 260-262.
[42] Ebda. S. 265. Vgl. auch Rowen. S. 153.

Beobachter begleitet hatte und der von dessen Kampfgeist beeindruckt war, hatte einen lobenden Bericht verfasst, der gegen den Willen der Regierung verbreitet worden war.[43] Tromps Entlassung war ein öffentliches Ereignis geworden und war für ihn eine persönliche Katastrophe.

Buchstäblich gleichzeitig zu Tromps Entlassung wurde eine Verschwörung seines Schwagers Johan Kievit (1627-1692) aufgedeckt, die als Buat-Verschwörung bekannt werden sollte und im Wesentlichen aus Konspiration und Spionage für England bestand, aber auch einen Sturz de Witts im Blick hatte. Am 31. August, einen Tag nachdem Tromps Nachfolger dessen Flaggschiff betrat, sollte die Festnahme von Tromps Schwager erfolgen. Kievit konnte sich jedoch durch Flucht nach England dem Verfahren entziehen und wurde in Abwesenheit zum Tode verurteilt. Tromps Biograf, Ronald Prud'homme van Reine, bringt die Stimmung Tromps nach dem 31. August 1666 auf den Punkt: Der Skandal für Cornelis Tromp war nun umfassend. „Der Staatsstreich war endgültig gescheitert. Die Ehre seiner Familie war für immer befleckt. Es würde nie mehr so sein wie früher."[44] Théophile Thoré erkennt die frustrierte Haltung und die geballte Faust in Vermeers Bild: „Der Mann ist übelgelaunt, so viel ist sicher."[45] In dieser Situation hat Vermeer Tromp ins Bild gesetzt. Und die Zitrone, die als Attribut neben der Orange im Bild erscheint, steht für dessen Gemütszustand: Er hat es sauer. Entsprechende Wendungen für ausweglose Situationen gibt es auch im Niederländischen, und Jan Steen hat die

---

[43] Prud'homme van Reine. S. 266-267.
[44] Prud'homme van Reine. S. 270.
[45] Thoré: Jan Vermeer van Delft. S. 77.

Zitrone sehr ähnlich in seinem *Abendmahl in Emmaus* genutzt. Hinter dem Tisch stützt hier ein verzweifelter Jünger enttäuscht seinen Kopf auf seine Hand – freilich nicht auf eine geballte Faust (Abb. 6).

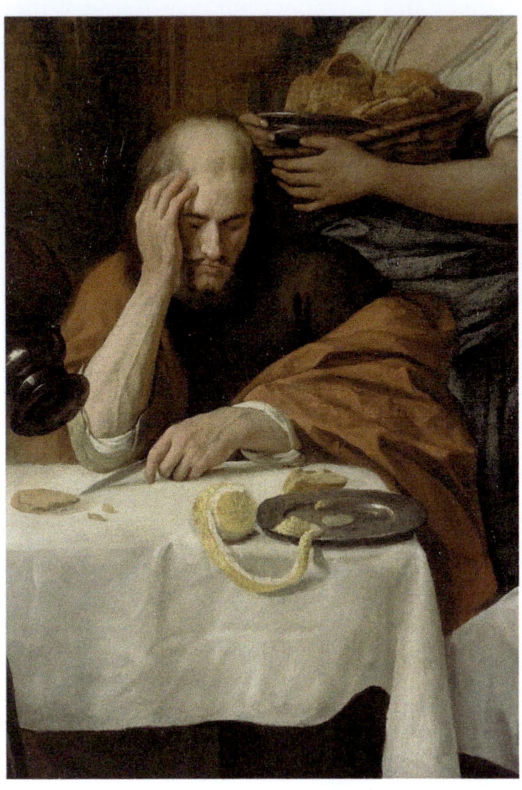

Abb. 6: Jan an Steen, Abendmahl in Emmaus, 1665-1668, Öl auf Leinwand, 134 cm x 104 cm, Rijksmuseum, Amsterdam, Ausschnitt.

Der Kavalier, der rechts in Vermeers Bild der Dame zugeordnet ist, erscheint als beinah faustischer Verführer. Er wird auch als Kuppler im Auftrag des Mannes am Tisch betrachtet.[46] Sein Blick ist „maliziös"[47], vielleicht lüstern. Oder ist es doch der Künstler selbst, der seinem Modell erklärt, wie das Glas gehalten werden soll?[48] Man kann Silke Gatenbröcker grundsätzlich folgen, dass es bei diesem Paar um einen Typus geht: Es steht

---

[46] Schneider: Johannes Vermeer. S. 36. Vgl. auch Menzel. S. 51.
[47] Gatenbröcker: Im Fokus. 4:26.
[48] Snow. S. 48.

für die junge, republikanische Elite, die in das Goldene Zeitalter geboren worden ist. Wenn aber Tromp im Mittelpunkt des Bildes steht, so wäre hier ein persönlicher Rivale anzunehmen. An dieser Stelle fällt eine recht deutliche Ähnlichkeit des Kavaliers mit dem Baron Willem Joseph van Ghent (1626-1672) auf, der nach der Entlassung Tromps 1666 dessen Posten als Leutnant-Admiral erhielt (Abb. 7, 8).[49]

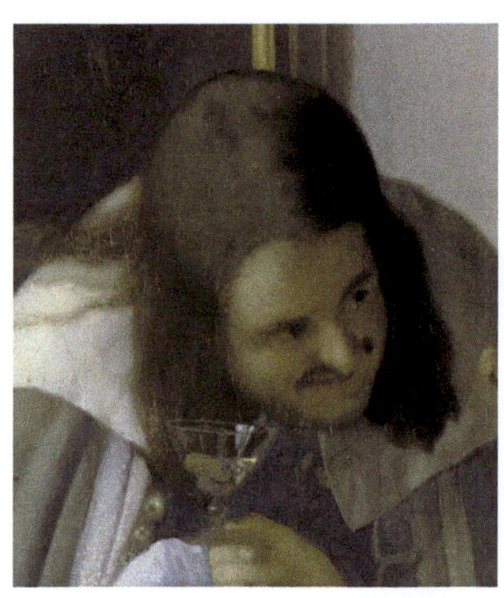

Abb. 7: Johannes Vermeer, Das Mädchen mit dem Weinglas, Ausschnitt: Der Kavalier.

Abb.8: Jan de Baen (Zuschreibung), Porträt von Willem Joseph Baron van Ghent (1626-1672) , 1667-1702, Öl auf Leinwand, 111 cm x 92,5 cm. Rijksmuseum Amsterdam, Ausschnitt.

Van Ghent, ein Vertrauter de Witts, war noch Oberst eines neu gegründeten Regiments von Marinesoldaten, als es im Mai 1666 zu

---

[49] Rowen. S. 590-591, vgl. auch Prud'homme van Reine. S. 253.

einem ersten belegten Zusammenprall der beiden Offiziere kam. In einer wohl heftigeren Auseinandersetzung hatte Tromp den vornehmsten Platz in einer Kutsche für sich gefordert, was van Ghent veranlasste, sich mit einem Brief direkt an Johan de Witt zu wenden und sich über Tromps Manieren zu beklagen.[50] Zu diesem Zeitpunkt war noch nicht absehbar, dass van Ghent als Gewinner aus der Rivalität hervorgehen würde: Als er Tromps Flaggschiff am 30. August 1666 als neuer Kommandant betrat, war die Tromp ergebene und entschieden orangistisch eingestellte Mannschaft ausgesprochen fügsam, so dass die anwesenden Vertreter der Admiralität eine Bestechung der Matrosen annahmen. Man hatte mit erheblichem Widerstand gerechnet.[51] Willem van Ghent ist im Bild über die Porträtähnlichkeit[52] und den Kontext zu identifizieren.

Ein besonders rätselhaftes Detail im Bild ist der schwarze Fleck an der Manschette des Kavaliers (Abb. 1). Auch er verdeutlicht den allegorischen Charakter des Gemäldes. Bei einem Genrebild ergäbe ein derart schematisch aufgemalter Fleck keinen Sinn. Betrachtet man das Bild als Allegorie, drängt sich die Aussage hingegen auf: Der Mann, der mit der Republik anbändelt, ist nicht unschuldig, nicht unbefleckt. Auch mit diesem Detail hat Vermeer seine Opposition zur republikanischen Regierung zum Ausdruck gebracht.

Das dritte Teilbild in der Dreieckskomposition des *Mädchens mit dem Weinglas* ist das Porträt an der Wand im Hintergrund. Bei der

---

[50] Prud'homme van Reine. S. 253.
[51] Prud'homme van Reine. S. 269-270.
[52] Vgl. auch Rombout Verhulst, Porträt von Willem Joseph Baron van Ghent, 1672, Terra Cotta, 42 cm. Rijksmuseum, Amsterdam.

Interpretation der Darstellung ist die Literatur sehr vage. Das Bildnis ist derart arm an Kontrasten und Konturen, dass sich die Züge des Porträtierten kaum erkennen lassen. In der psychoanalytischen Deutung von Edward Snow ist das Porträt der Gegenentwurf zur Verführungsszene: eine „old-fashioned" männliche Tugend, das Gewissen des Künstlers, der wegen des Blicks der Frau aus dem Bild, also auf den Maler, auch als Teil des Geschehens verstanden wird.[53] Es wurde auch gemutmaßt, dass es sich hier um den Ahnen Moijses van Nederveen handeln könnte, der mahnend im Bild der Verführung seiner Enkelin Barbara beiwohnt. Ein anderer Mahner wäre ein abwesender Ehemann, der aus dem Porträt eine heimliche Anbahnung der Gattin beobachtet.[54] Grundsätzlich ist die Vorstellung, dass das Porträt als „Ausweis von Status und Stand der versammelten Personen" dient, nachvollziehbar.[55] Auch die Feststellung, dass die Kleidung des Dargestellten eher ein bis zwei Generationen zuvor in Mode war, ist plausibel.[56] Sie weist bei genauer Betrachtung feine gelbe Linien, vielleicht Schlitze auf, die den Dargestellten als Patrizier oder Adligen und eher nicht als Gelehrten oder Geistlichen ausweisen würden.

Auch beim Porträtierten an der Rückwand geht es zunächst um einen Typus. Er steht für den Stand der dargestellten Personen und lässt sich anhand von Kleidung und Position im Bild als die mahnende Eltern- oder Großelterngeneration verstehen. Vor dem Hintergrund der Situation von 1666 fiele diese Rolle Cornelis Tromps Vater zu, dem Admiral Maarten Harpertszoon Tromp (1598-1653), der in der

---

[53] Snow. S. 48. Vgl. dazu auch kritisch: Hertel. S. 58.
[54] Schneider: Johannes Vermeer. S. 36
[55] Büttner. S. 69.
[56] Gatenbröcker: Johannes Vermeer. 10:11.

Schlacht von Scheveningen gefallen war und dem in der Oude Kerk von Delft ein Prunkgrab errichtet worden war. Tatsächlich hatte man dem angesehenen Offizier und Seehelden den Beinamen „Bestevaêr", Großvater, gegeben, was die altertümliche Kleidung erklären würde. Als das Gewissen der Nation hingegen mag Wilhelm der Schweiger gelten, dessen Prunkgrab in der Nieuwe Kerk in Delft steht. Der 1584 ermordete Statthalter hatte den Beinamen „Vater der Nation". Auch sein Sohn Friedrich Heinrich käme als Gewissen der Nation in Frage. Er starb schon im März 1647, während in Münster die Unabhängigkeit der Niederlande verhandelt wurde. Sein Name ist eng mit dem Freiheitskampf gegen Spanien verbunden. Tatsächlich war im Elternhaus Vermeers neben dem Doppelporträt von Friedrich Heinrich von Oranien und seiner Frau Amalia van Solms ein weiteres Bildnis des Oraniers vorhanden.[57] Es kann derzeit bei dem Porträtierten an der Rückwand lediglich ein Typus angenommen werden, zumal ein vergleichbares Bild weder von Maarten Tromp noch von Wilhelm dem Schweiger oder Friedrich Heinrich von Oranien bekannt ist.

Eines der auffälligsten Bildelemente ist das Buntglasfenster (Abb. 9). In den Anfängen des Diskurses zu Vermeers Bild ist in der hier dargestellten Frauengestalt eine Madonna erkannt worden.[58] Die Farben ihrer Kleidung entsprechen einem traditionellen ikonografischen Muster. Später – im Kontext der moralischen Auslegung als Genrebild – wurde sie wegen der Bänder, die als Zaumzeug verstanden worden sind, als Temperantia gedeutet.[59] Plausibel ist auch die

---

[57] Montias S. 56.
[58] Thoré: Jan Vermeer van Delft. S. 77.
[59] Z. B. Franits. S. 170. Vgl. auch Hertel. S. 59-60.

Interpretation der Bänder als sich windende Schlangen. Sie wären ein Attribut der Prudentia.[60] Da Winkel und Zaumzeug als Attribute der Temperantia nicht eindeutig sind oder fehlen und Köpfe von Schlangen nicht erkennbar sind, ist die Gestalt sehr schlüssig auch einfach als Wappenhalterin begriffen worden.[61] Das auffällige und merkwürdig, teils spangenartig zu Schlaufen gewundene Band verweist zunächst auf das Allianzwappen, das verbundene Wappen, das die Frau trägt, und ist bei verbundenen Wappen nicht ungewöhnlich.[62] Dennoch sind sowohl das lange, steife Band, an dem das Wappen hängt, als auch die anschließenden Windungen des Bandes im Vergleich mit anderen Darstellungen auffällig.

Das Wappen auf dem Buntglasfenster ist einer konkreten Familie zugeordnet worden. Es sollte sich um das Allianzwappen der Eheleute Moijses van Nederveen (1566-1624) und Janetge de Vogel (†1604) handeln.[63] Dass diese Zuordnung zur Familie van Nederveen sehr

---

[60] Zuidervaart. S. 5.
[61] Gregor J. M. Weber: Vermeer's Use of the Picture-within-a-Picture. A New Approach. In: Vermeer Studies (Studies in the history of Art 55. Symposium Papers XXXIII). Hg, v. Ivan Gaskell u. Michiel Jonker. New Haven, London 1998. S. 295-307, hier S. 303. Vgl. auch Büttner. S. 69. Gatenbröcker: Johannes Vermeer. 28:00. Ariane van Suchtelen: Modische Eindringlinge. In: Pieter Roelofs u. Gregor J. M. Weber: Vermeer (Ausstellungskatalog, Rijksmuseum Amsterdam). Stuttgart 2023. S. 174-191, hier S. 174.
[62] Vgl. auch die Abbildung eines Allianzwappens in: Van Suchtelen. S. 175, Abb. 2. Vgl. insb. C. J. Berserik u. J. M. A. Caen: Flandern, Bd. 1: The Province Antwerp (Corpus Vitrearum Belgium. „Checklist" Series. Flanders, Checklist I. Silver-Staines Roundels and Uniparite Panels before the French Revolution). Turnhout 2007. S. 196-197.
[63] Zuidervaart. S. 2, bezieht sich auf Elisabeth Neurdenburg: Johannes Vermeer. Eenige opmerkingen naar aanleiding van de nieuweste studies over den Delftschen Schilder. In: Oud Holland, 56, 1942. S. 65-73, hier S. 69.

unwahrscheinlich ist, ist oben bereits herausgestellt worden.[64] Der Aussage, dass Wappen in der niederländischen Gesellschaft des 17. Jahrhunderts durchaus ernst genommen wurden, kann man jedoch folgen und man kann nicht davon ausgehen, dass ein Wappen, das mit einem geöffneten Fenster derart in den Vordergrund eines Bildes geschoben wird, ohne Bedeutung ist. Hier wäre einerseits der Bezug zu einem konkreten Träger des Wappens denkbar, andererseits sind auch hier allegorische Inhalte möglich.

Die (heraldisch) rechte Seite des gespaltenen Wappens ist quergeteilt, ein roter Balken auf Weiß, begleitet von 15 schwarzen, stehenden Schindeln in Reihen zu je 5, 4 oberhalb und 3, 2, 1 unterhalb des Balkens. Zu dieser Seite des Wappens hat es jüngst einen sehr plausiblen Zuweisungsversuch durch H. G. Slager gegeben: Im Schloss Rhoon, nur etwa 25 km südlich von Delft, befindet sich noch heute ein Wappen in einem Buntglasfenster, dessen rechte Seite fast identisch ist mit der rechten

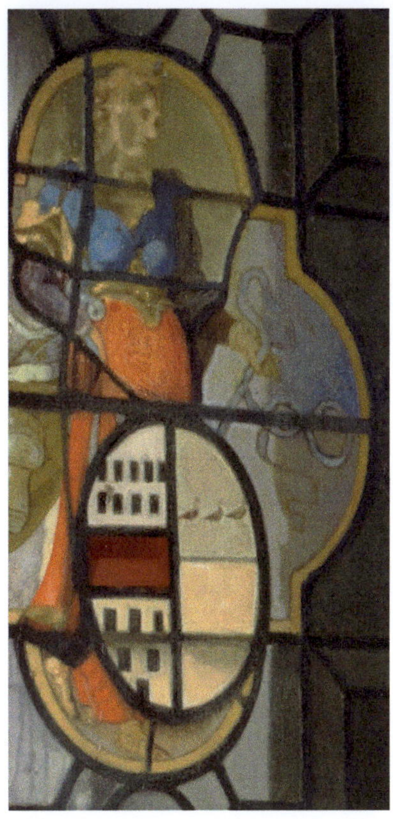

Abb. 9: Johannes Vermeer, Das Mädchen mit dem Weinglas, Ausschnitt: Fenster.

---

[64] Vgl. dazu auch die Kritik von Slager S. 11, 12.

Seite des Wappens im Bild – inklusive der auffälligen Diamantierung des roten Balkens. Auch das Grundmuster der Bleiverglasung des Fensters ist identisch. Laut einer Inschrift im Glas unterhalb des Wappenbildes im Schloss handelt es sich um das Wappen der Alverade van Wendelnesse, einer Vorfahrin von Pieter XIII. van Rhoon, der im Entstehungszeitraum des Bildes im Schloss lebte.[65] Es gibt jedoch neben den Ähnlichkeiten auch Unterschiede in der rechten Wappenseite: Die fünfte Schindel der oberen Reihe im Schloss Rhoon ist abgeschnitten und fehlt.

Slager geht davon aus, dass Vermeer das Schloss mehrfach besucht hat.[66] Er begründet diese These sehr schlüssig mit den zahlreichen Verbindungen des katholischen Schlossherren in das „Papistenviertel" von Delft, in dem auch Vermeer lebte, insbesondere zum Jesuitenpater Isaac van der Mije. Van der Mije wird auch als Lehrer von Vermeer vermutet und war zwischen 1645 und 1650 in Schloss Rhoon als Hauskaplan angestellt.[67] Auch dass Vermeer in diesem Zeitraum bei van der Mije im Schloss Rhoon gearbeitet haben könnte, ist denkbar.[68] Vermeer soll das Fenster am Ort gesehen und als Vorlage für sein Bild verwendet haben. Hier werfen die zunächst schlüssige Interpretation und der frappierende Fund jedoch Fragen auf: Wenn Vermeer in der oberen Reihe die fünfte Schindel ergänzt hat, war das Fenster

---

[65] H. G. Slager: Johannes Vermeer and Rhoon castle. 2022. S. 2-5 (http://www.essentialvermeer.com/misc/Johannes-Vermeer-and-Rhoon-castle.pdf).

[66] Slager. S. 11.

[67] Zu van der Mije vgl. insb. Dries van den Akker u. Paul Begheyn: Johannes Verneer en de jezuïeten in Delft. Baarn 2023. S. 106-114.

[68] Slager. S. 8. Vgl. auch das Soziogramm, ebda. S. 19.

zumindest nicht die alleinige Vorlage. Er muss sich auch mit den Wappen der Region auseinandergesetzt haben, wobei in diesem Fall insbesondere die Tingierung von Schindeln und Balken in seinem Bild wenig plausibel wäre.[69] Auch die weiteren Unterschiede des Wappens im Schloss sprechen gegen eine einfache Vorlage, seien es die Form des Rhombus' oder die (heraldisch) linke Wappenseite, die sich deutlich vom Wappen in Vermeers Bild unterscheidet.

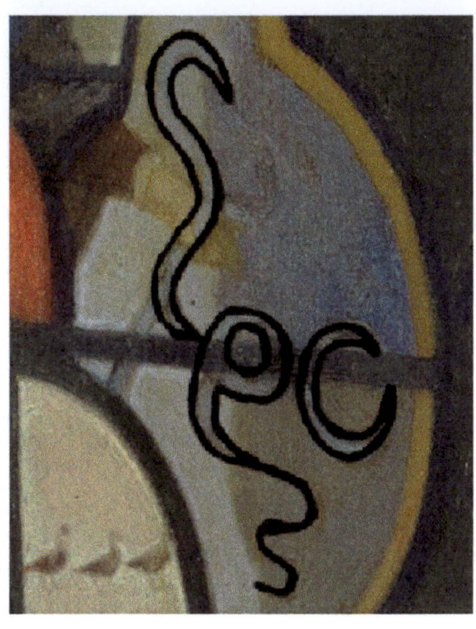

Abb. 10: Johannes Vermeer, Das Mädchen mit dem Weinglas, Ausschnitt: Abbreviatur „Epc".

Zur Deutung der linken Wappenseite in Vermeers Bild gibt es noch keinen schlüssigen Ansatz. Auch Slagers Vermutungen zum Verständnis der linken Wappenseite bleiben im Vagen.[70] Sie ist geteilt und trägt im oberen Feld nach allgemeiner Deutung drei Vögel, vielleicht Gänse oder Enten, wohl auf Gold bzw. Gelb. Das untere Feld, wahrscheinlich in Silber bzw. Weiß, ist frei. Die marienartige Darstellung der Wappenhalterin und die möglichen Bezüge zum Schloss Rhoon, das den Jesuiten seit den

---

[69] Ebda. S. 4-5. Vgl. auch Henk 't Jong: Wat was Riede en waar lag het? (2). 22.2.2017 (https://apudthuredrech.nl/tag/brabant/).
[70] Slager, S. 12-14.

1620er Jahren als Zufluchtsort diente,[71] würden dafür sprechen, dass es bei dem Wappen um religiöse oder kirchenpolitische Inhalte geht. In diesem Zusammenhang wird die Tingierung der Felder auf der linken Wappenseite interessant: Die Farben Weiß und Gelb bzw. Silber und Gold könnten für die Schlüssel Petri und damit für den Heiligen Stuhl stehen. Die silbernen und goldenen Schlüssel finden sich nicht nur in den Wappen der Päpste und des Vatikans, sondern wurden auch von Malern entsprechend dargestellt, etwa in Rubens' *Schlüsselübergabe*.[72] Einen Hinweis auf die Nachfolge Petri geben auch die Bänder der Wappenhalterin: Das Band in ihrer Linken wirkt erstaunlich steif und erinnert an einen Schlüssel mit einem langen Halm. Mit seiner verformten Reite und mit den folgenden Schlaufen ließe sich die Abbreviatur „Epc" erkennen: Episcopus (Abb. 10). Damit könnte das Wappen allegorisch für eine Verbindung zwischen Schloss Rhoon und dem Bischof von Rom stehen. Die Kontakte zwischen dem Schlossherrn Pieter XIII. zu den Jesuiten von Delft sind belegt.[73]

Das Buntglasfenster ist nicht Teil der Dreieckskomposition, die die Szenerie des Bildes verbindet. Wie eine Tafel mit einer Kartusche steht das Fenster für den Künstler mit seiner Haltung: Vermeer signierte das Bild unten rechts auf dem Fenster, weil die dargestellte Verbindung nach Rom seiner Überzeugung entsprach. Sehr ähnlich hat Vermeer die *Malkunst* auf einer Landkarte im Hintergrund des Bildes signiert, die auf die Einheit der 17 Provinzen der Niederlande anspielt.

---

[71] Van den Akker u. Begheyn. S. 110.
[72] Peter Paul Rubens, Christus übergibt dem heiligen Petrus die Himmelsschlüssel, um 1612-1614, Öl auf Holz, 182,6 cm x 159 cm, Gemäldegalerie Berlin.
[73] Slager. S. 11, 19. Vgl auch van den Akker u. Begheyn. S. 110.

Die Interpretation des Buntglasfensters bleibt dennoch unsicher: Warum sollte Vermeer von den sechs Wappen in den Fenstern von Schloss Rhoon die rechte Seite des Wappens der Alverade von Wendelnesse ausgewählt und für sein Bild die Veränderungen vorgenommen haben?

<u>Zeiten, Räume, Menschen – Ein Motiv für ein Bild</u>

Im Bild ist der eigenwillige, orangistische Leutnant-Admiral Cornelis Martensz. Tromp am Tisch sitzend dargestellt. Rechts von ihm scheint sein Rivale, der Baron Willem Joseph van Ghent, mehr Erfolg bei einer jungen Frau zu haben. Sie personifiziert mit ihrem roten Kleid die Republik. Die allegorische Szenerie bezieht sich auf ein Ereignis im Jahr 1666, als Tromp bei der Admiralität in Ungnade fiel und van Ghent dessen Admiralsposten erhielt. An der Wand über der Gruppe hängt das Porträt eines Mannes in altmodischer Kleidung, der als Typus einer Vaterfigur das Gewissen Tromps beziehungsweise des Landes verkörpern könnte. Links im Bild ist auf einem Buntglasfenster eine Wappenhalterin dargestellt, die ein Allianzwappen trägt. Das Fenster scheint Vermeers Bindung an die katholische Kirche zu thematisieren.

Knappe sechs Jahre bevor die Niederlande eine Katastrophe erlebten, das Land erneut in einem verlustreichen Krieg stand und die Brüder de Witt als die herausragenden Repräsentanten der republikanischen Regierung gelyncht wurden, malte Johannes Vermeer nicht das Genrebild einer Verführungsszene, sondern er malte eine Allegorie, in deren Mittelpunkt der orangistische Leutnant-Admiral Cornelis Tromp steht. Was trieb Vermeer zu diesem Bild, das aufgrund seiner konkreten

Protagonisten mehr Karikatur als Allegorie ist und im Kern Vermeers eigene Haltung widerspiegelt?

Die Vereinigten Niederlande hatten mit dem Frieden von Münster 1648 ihre Souveränität erlangt. Es ist eine Republik entstanden, deren Führung im Wesentlichen vom städtischen Patriziat und teilweise vom alten oranischen Adel gestellt wurde. Die Gesellschaft dieses jungen Landes war von inneren Spannungen geprägt, die für Nationbuilding-Prozesse nicht untypisch sind. Die Risse der niederländischen Gesellschaft verliefen entlang unterschiedlicher Grenzen. Sie war konfessionell gespalten, politisch standen sich Orangisten und Republikaner teilweise unversöhnlich gegenüber und die soziale Kluft zwischen Patriziern und den Unterschichten war kaum zu überwinden. Darüber hinaus war das junge Land in zahlreiche Kriege – insbesondere mit England und schließlich Frankreich – verwickelt.

Im Spannungsfeld der statthalterlosen Zeit in Holland nach 1650 lag die gesellschaftliche Führung bei den calvinistischen Republikanern – wenn sie keine Remonstranten waren. Wie nah Vermeer spätestens durch seine Hochzeit mit Catharina Bolnes 1653 und die gemeinsame Wohnung mit der Schwiegermutter, der geschiedenen Maria Thiens, der katholischen Gemeinde stand, ist vielfach nachgewiesen worden, und Vermeers Konversion zum katholischen Glauben aufgrund seiner Hochzeit wird heute allgemein angenommen.[74] Mit 21 Jahren trat Vermeer nunmehr wohl als Katholik in das öffentliche Leben ein. Er heiratete und wurde Mitglied der Lukasgilde. John Michael Montias

---

[74] Montias. S. 101, 157. Vgl. auch Anthony Bailey: Vermeer. Aus dem Englischen von Bettina Blumenberg. Berlin 2002. S. 71-75. Auch van den Akker u. Paul Begheyn. S. 88.

erwägt, dass die Diskriminierungen, denen der Künstler als Katholik ausgesetzt war, zwischen 1657 und 1661 zu einem Rückzug des Künstlers aus dem öffentlichen Leben geführt haben könnten. Mit 30 Jahren trat Vermeer dann in eine andere Lebensphase und wurde 1662 zum ersten Mal Dekan der Lukasgilde.[75] Politische Ämter wären ihm als Katholik verwehrt gewesen. Die gesellschaftliche Benachteiligung mag einer der Gründe für jene deutliche Abneigung gegenüber der republikanischen Regierung gewesen sein, die Vermeer zur despektierlichen Darstellung der Republik im *Mädchen mit dem Weinglas* bewogen hat. Dass Vermeer mit dem Bild einen eher oranischen Standpunkt vertrat, ist nicht überraschend. In seinem Elternhaus hatte es mehrere Porträts der Statthalter gegeben und die Annahme, dass Vermeers Familie die Oranier unterstützte, ist nicht neu.[76] Es zweifelt heute auch kaum jemand daran, dass es diesen politischen Vermeer gab. Insbesondere in der *Malkunst* haben Autoren wie Joost Vander Auwera oder Dirk Jan Biermond Hinweise auf Vermeers Wunsch nach einer politischen und kirchlichen Einheit der Niederlande gefunden.[77]

Die Gegnerschaft gegenüber der republikanischen Regierung de Witts teilte der Maler mit einem großen Teil der Bevölkerung – insbesondere

---

[75] Montias. S. 171.

[76] Montias. S. 56.

[77] Joost Vander Auwera: Taking Local History Seriously. The Case of the Chandelier in *Saint Luke painting the Virgin* by Abraham Jansson van Nuyssen and in *The Art of Painting* by Johannes Vermeer van Delft. In: Ders. (Hg): Liber Amicorum Raphael de Smedt, 2. Artium Historia (Miscellanea Neerlandica, XXIV). Leuven 2001. S. 317-338, hier S. 325, 329. Vgl. insb. Biermond. S. 167. Vgl auch Schneider: Vermeer. S. 82-84. Auch Schneider: Vermeers „Atelier"-Bild in Wien.

den unteren Schichten, die unter den Rekrutierungen und anderen Folgen der Kriege litten und schließlich am wenigsten von den militärischen Erfolgen des Landes profitierten. Wie drastisch auch Vermeer von den Kriegsfolgen betroffen war, wird im Französisch-Niederländischen Krieg besonders deutlich. Nach Ausbruch des Krieges 1672 hat Vermeer kein Bild mehr verkauft. Auch die Einnahmen seiner Schwiegermutter aus ihren ländlichen Besitzungen entfielen zumindest teilweise, nachdem die Regierung das Land hat fluten lassen, um die französischen Invasoren zurückzudrängen.[78] Dass Vermeer als Pikenier oder Schütze sogar an Kriegshandlungen beteiligt war, ist nicht auszuschließen.[79]

Wie im Ersten Englisch-Niederländischen Krieg und später im Dritten hatten sich 1665 nach Ausbruch des Zweiten Englisch-Niederländischen Krieges die Gemüter erhitzt. Die Radikalisierungen der Gesellschaft insbesondere nach der Niederlage von 1666 werden auch Vermeer erfasst und zu politischen Statements herausgefordert haben. Der Skandal um die Entlassung Tromps gab hier einen konkreten Anlass. Mit der Darstellung der Beziehung zwischen Cornelis Tromp und Willem van Ghent im *Mädchen mit dem Weinglas* wäre die gängige Datierung des Bildes zwischen 1658 und 1660 nicht mehr haltbar. Es ergäbe sich eine neue Datierung für das Bild ab September 1666. Die Arbeit daran begann vermutlich im Zuge der öffentlichen Debatte unmittelbar nach der Entlassung Tromps und der Berufung

---

[78] Montias. S. 211.
[79] Pieter Roelofs: Vermeer näherkommen. Ein Einblick in das Haus des Delfter Malers und seiner Familie. In: Pieter Roelofs u. Gregor J. M. Weber: Vermeer (Ausstellungskatalog, Rijksmuseum Amsterdam). Stuttgart 2023. S. 42-95, hier S. 56, insb. Fußnote 120. Vgl. auch Bailey. S. 216.

van Ghents. Mit der *Allegorie des Glaubens* und der *Malkunst* bildet *Das Mädchen mit dem Weinglas* demnach im späteren Werk des Künstlers eine kleine Gruppe von Allegorien mit politischen bzw. kirchenpolitischen Anspielungen, und es ist naheliegend, dass auch das unter vielen Gesichtspunkten ähnliche Berliner Bild *Herr und Dame beim Wein*[80] als Allegorie in diese Gruppe eingeordnet werden wird. Vieles in diesen Bildern steht für den diffusen Wunsch nach einer guten alten Zeit vor dem 80-jährigen Krieg, für die Sehnsucht nach einer konfessionellen und nationalen Einheit auf dem Boden des Heiligen Römischen Reiches. Dazu passt, das Vermeer im *Mädchen mit dem Weinglas* als Farben für die Bodenfliesen Gelb und Schwarz gewählt hat.[81] Vermeers Wunschdenken sollte etwa anderthalb Jahrhunderte später in der Haltung der Nazarener und anderer Romantiker eine Parallele finden, nachdem auch ihnen das Heilige Römische Reich verlorenging und der Friede von Tilsit auch ihr Land teilte.[82]

Zwar scheint Vermeer dem Haus Oranien näher zu stehen als der Republik, die er als leichtes Mädchen dargestellt hat, doch das Bild, das Vermeer von dem radikalen Orangisten Cornelis Tromp gezeichnet hat, ist nicht weniger negativ: Er erscheint mit seiner geballten Faust

---

[80] Johannes Vermeer, Herr und Dame beim Wein, Öl auf Leinwand, 1658-1660, 67,7 cm x 79,6 cm, Gemäldegalerie Berlin.

[81] Die Fliesen werden hier als schwarze Fliesen verstanden. Das bläuliche Kolorit ergibt sich aus Vermeers Umgang mit dem Licht. Der schwarze Ton tritt bei dem Berliner Bild deutlicher hervor.

[82] Zu diesem Standpunkt Vermeers vgl. auch Arthur Wheelock: Die Malkunst. In: Vermeer – Die Malkunst. Spurensicherung an einem Meisterwerk. Eine Ausstellung des Kunsthistorischen Museums Wien. Hg. v. Sabine Haag, Elke Oberthaler u. Sabine Pénot. Wien 2009. S. 19-39, hier S. 28.

und durch die Wahl der Attribute explizit als aggressiver Trinker, der sich durch die Nutzung seines Schiffes für den Handel mit Luxusgütern bereichert hat. Cornelis Tromp wurde im Bild nicht wie sein Vater, der Admiral Maarten Harpertszoon Tromp in der Oude Kerk von Delft, als Seeheld dargestellt.

Wenn Vermeers zunehmende Politisierung sowie die gesellschaftlichen Polarisierungen als Ursachen für die im Bild zum Ausdruck gebrachte Haltung angenommen werden, ist es denkbar, dass das Rätselhafte des Bildes nicht nur ein Resultat barocker Polysemie im Genrebild oder der von Jakob Cats geforderten Bemäntelung und Verschattung von Inhalten ist. Das Bild ist im Kern eine Karikatur und Vermeer musste mit Zensur und entsprechenden Strafen rechnen. Im Zusammenhang mit der im Bild thematisierten Entlassung Tromps 1666 sind dessen Töchter zu einer Strafe von 100 Gulden verurteilt worden, weil sie an einem Flugblatt beteiligt waren, das ihren Vater verteidigte. Die Strafe für Cornelis Tromps Bruder Johan betrug sogar 500 Gulden.[83] Vermeers Arbeit an Bildern mit kritischen, politischen Inhalten würde eine auffällige Episode erklären: Am 11. August 1663 besuchte der französische Reisende Balthasar de Monconys in Begleitung des Priesters Père Léon und eines Liutenant Colonel Gentillo das Atelier Vermeers. Man „konnte" ihm dort jedoch kein Bild des Malers zeigen.[84] Der junge Pieter Teding van Berkhout, der im Mai 1669 das Atelier Vermeers besuchte, konnte hingegen in seinem Tagebuch vermerken, dass Vermeer ihm sogar mehrere

---

[83] Zur Zensur Rowen. S. 148-153, zum Fall Tromps hier S. 153. Vgl. auch Prud'homme van Reine. S. 266-267.
[84] Montias. S. 180-181. Vgl auch Bailey. S. 44-47.

sehenswerte Arbeiten zeigte.[85] Es stellt sich die Frage, ob Vermeer seine Bilder vor Monconys und seinen Begleitern versteckt hielt[86] – vielleicht, weil ihr politischer Gehalt zu heikel war und der Maler Monconys oder seinen Begleitern nicht vertraute.

Der Charakter des *Mädchens mit dem Weinglas* als Karikatur ist im Grunde schon in der Diskussion um Zuidervaarts These aufgefallen, der annahm, dass es sich bei dem Gemälde um ein Geschenk für eine im Bild dargestellte Braut handeln könnte: Ihr merkwürdiger Sitz, ihr debiles Lächeln, der robuste Nacken und auch ihr starrender Blick sind für Vermeer singulär und in dieser Form als eine Auftragsarbeit für eine Braut undenkbar. Ihre etwas pausbackige rechte Wange rückt ihre untere Gesichtshälfte mit dem auffälligen Lächeln in die Nähe eines Down-Syndroms. An der jungen Frau wird der Charakter der Karikatur besonders deutlich. Und es ist eine der großen Leistungen Vermeers, dass die Gesichtszüge und die Mimik der jungen Frau im Bild ihrer Schönheit nicht abträglich sind. Die so entstehende Ambivalenz ist wie viele der Allusionen im Bild Ursache für dessen rätselhaften Charakter. Nichts deutet darauf hin, dass es sich bei dem *Mädchen mit dem Weinglas* um ein Genrebild handelt: kein gemeinsames Handeln, keine Rollen in einer erkennbaren Szenerie. Das Enigmatische des Bildes steht für die Allegorie.

Cornelis Tromp und die Welfen – Ein vielschichtiges Verhältnis

An der Identität Tromps im Bild kann aufgrund mehrerer konkreter Attribute, der Kleidung, seiner Position im Bild sowie schließlich der

---

[85] Ebda. S. 153-154.
[86] Ebda. S. 46.

Haltung im hier dargestellten Kontext kaum ein Zweifel bestehen und vielleicht ist es kein Zufall, dass Tobias Querfurt, der Hofmaler und Galerieintendant von Herzog Anton Ulrich, das Bild in seiner Beschreibung des Schlosses Salzdahlum als „admirable gemahlet" bezeichnete.[87] Es hätte zahlreiche Begriffe für die Qualität des Bildes gegeben – auch im Französischen. Dass er die Ausführung der Malerei ausgerechnet „admirable" nannte, könnte als süffisanter Hinweis auf die Identität des dargestellten Leutnant-Admiral Cornelis Tromp gemeint sein, die Querfurt etwa 40 Jahre nach Entstehung des Gemäldes vielleicht bekannt war. Das Wort „admirable" nutzte er in seiner Beschreibung abgesehen von Vermeers Bild lediglich für den darauf folgenden Eintrag: zwei „holländische Stücke" des heute vergessenen Malers Joris Norman.

Tatsächlich war Cornelis Tromp in Braunschweig kein Unbekannter. In der Sammlung des Herzog Anton Ulrich-Museums finden sich mehrere Grafiken, die Cornelis Tromp oder seinen Vater Maarten darstellen. Ebenso weist die Herzog August Bibliothek in Wolfenbüttel einen Bestand zu diesem Thema auf.[88] Die Provenienz dieser Drucke ist zwar nicht vollständig geklärt und die Spuren führen teilweise in

---

[87] Tobias Querfurt (Hg): Kurtze Beschreibung des fürstl. Lust-Schlosses Saltzdahlum: herausgegeben und dem durchl. Fürsten und Herrn, Herrn Anthon Ulrich, Hertzogen zu Braunschweig und Lüneburg unterthänigst gewidmet von Tobias Querfurt. Johann Georg Zilliger, Braunschweig 1710 (https://doi.org/10.24355/dbbs.084-200711150100-1).

[88] Beeindruckend ist eine Sammlung von 22 Druckschriften – teilweise Einblattdrucke – zu Maarten Tromp allein aus den Jahren 1652 und 1653, die offensichtlich aus der Zeit August II. des Jüngeren stammt. Herzog August Bibliothek, Wolfenbüttel, Sig. 287.19.2-23 Quod.

andere Richtungen,[89] doch wird auch aus weiteren Zusammenhängen deutlich, dass bei den Welfen ein gewisses Interesse an Maarten und Cornelis Tromp bestand. In der 1722 in Braunschweig erschienenen „Braunschweig-Lüneburgischen Chronica" hielt man es für erwähnenswert, dass die Herzöge Johann Friedrich und Georg Wilhelm nach dem Tod ihres Vaters, Georg von Braunschweig-Calenberg, 1641 auf dem Schiff des „alten" Admiral Tromp nach England gereist sind. Der explizite Verweis auf den „alten" Tromp verdeutlicht, dass 1722 auch dessen Sohn Cornelis an den Höfen der Welfen noch bekannt war.[90]

Keine Erwähnung in der Chronik erfährt hingegen der Besuch von Peter dem Großen in Salzdahlum 1713. Die Gespräche, die Herzog Anton Ulrich mit dem Zaren führte, drehten sich um Flottenbau und Seeschlachten und der Herzog, der das Interesse des Zaren an bestimmten Bildern erkannt hatte, schenkte ihm drei Bilder aus seiner Sammlung, darunter zwei Seeschlachten.[91] Es ist sehr wahrscheinlich, dass auch Cornelis Tromp hier angesprochen worden ist, zumal sich nach dem Tod des charismatischen Admirals 1691 eine nahezu hagiografische Heldenverehrung entwickelt hatte, die sich auch in der

---

[89] Freundliche Auskunft von Herrn Felix Kommnick, Herzog August Bibliothek Wolfenbüttel.

[90] Heinrich Bünting: Braunschweig-Lüneburgische Chronica, Oder: Historische Beschreibung Der Durchlauchtigsten Herzogen zu Braunschweig und Lüneburg. III. Tomus, Das Neue Haus Braunschweig-Lüneburg samt dem Anhang oder Nachlese, und Register. Braunschweig 1722. S. 1702 (https://www.digitale-sammlungen.de/de/view/bsb10938209?page=,1).

[91] Otto Hahne: Peter der Große in Salzdahlum und Braunschweig. In: Braunschweigisches Magazin, 19. Jg., 1913, Nr. 3. S. 25-30, hier S. 28.

Veröffentlichung von Tromps Vita in mehreren Auflagen und Sprachen niederschlug.[92]

Nun ist aber diese Darstellung des Cornelis Tromp im *Mädchen mit dem Weinglas* nicht gerade heroisch und tatsächlich hatte der launische und streitsüchtige Tromp auch im Umfeld der Welfen einen Skandal provoziert: 1671 war ein gewisser Jakob de Petersen (1622-1704) von Herzog Johann Friedrich von Braunschweig-Calenberg (1625-1679) als politischer Agent und Generalkommissar in den Niederlanden eingesetzt worden.[93] De Petersen, zuvor ein Kammerdiener und Günstling der dänischen Königin Sophie Amalie von Braunschweig-Lüneburg (1628-1685), war nach Querelen um die Besetzung eines Verwalterpostens aus Dänemark in die Niederlande geflohen. Johann Friedrich von Braunschweig-Calenberg, der Bruder der dänischen Königin, verhalf de Petersen nun durch die Einsetzung als Diplomat in den Niederlanden zu erheblichen Einkünften und Ansehen.[94] De Petersen sollte 1677 im Zuge seines Konflikts mit Cornelis Tromp von Leopold I. sogar zum Reichsbaron erhoben werden. Der Konflikt, der sich zu einem regelrechten Skandal entwickelte, bestand aus einem

---

[92] [L. van den Bosch:] Leven en bedryf van den vermaarden zeeheld Cornelis Tromp …; Ondermengd met de voornaamste daaden van andere zeehoofden, en voornaamentlijk met die van Marten Harpertsz Tromp. Amsterdam 1692. Übersetzungen sind in der Folge in französischer (1694, 1695) und englischer (1697) Sprache erschienen.

[93] Ludwig Bittner u. Lothar Groß: Repertorium der diplomatischen Vertreter aller Länder seit dem Westfälischen Frieden (1648), Bd. 1. Oldenburg 1936. S. 75.

[94] Gerrit Kalff: De illustere baronnen De Petersen. Bijdrage tot de geschiedenis van het Amsterdams Patriciaat en van de West-Indische Compagnie. Amsterdam 1952. S. 2-10.

langwierigen und aufreibenden Rechtsstreit zwischen dem Diplomaten und dem Admiral, nachdem Tromps Landsitz, die repräsentative „Trompenburg" in 's-Gravenland, während der französischen Invasion 1672 geplündert worden war. De Petersen war von Tromps Verwalter beauftragt worden, den Landsitz oder das, was von ihm übrig war, zu sichern.[95] Der Einsatz eines Diplomaten war grundsätzlich geboten, um mit den französischen Besatzern verhandeln zu können. Marschall François-Henri de Montmorency-Luxembourg (1628-1695) hatte aus reiner Boshaftigkeit die „Trompenburg" anzünden lassen, um seinen Gegner im Felde, Admiral Tromp, persönlich zu schädigen. Eine Baumplantage, die Tromp besonders am Herzen lag, ließ er fällen.[96]

Da die Zerstörungen der „Trompenburg" nun so verheerend waren, dass an eine Rettung nicht zu denken war, bot de Petersen Tromp an, einige Gegenstände des zerstörten Landsitzes für einen angemessenen Preis zu übernehmen. So schaffte de Petersen auch Marmorsäulen und einige Orangenbäume, die die Verheerungen überstanden hatten, nach Utrecht, um sie dort in seinem Haus zu verwenden. Daraus erwuchs der erbitterte Rechtsstreit, der sich bis 1679 hinzog. Der Prozess hatte insbesondere zwischen 1674 und 1677 einigen Staub aufgewirbelt, da de Petersen aus Ärger einige Prozessakten und private Dokumente veröffentlicht hatte, „um auch die Welt urteilen zu lassen ob solche Menschen wie Leutnant-Admiral Tromp und seine süße kleine Gattin [...] das Heilige Abendmahl als Christen zum Wohl ihrer Seele und Seligkeit oder zu ihrer Verdammnis genießen werden".[97] Der Streit

---

[95] Ebda. S. 16.
[96] Ebda. S. 17-18.
[97] Zu dem Prozess vgl. Anne Hallema: Cornelis Maartenszoon Tromp 1629-1691. Een schets van het leven en bedrijf van Admiraal Tromp. 's-Graven-

endete damit, dass de Petersen die stark beschädigten Säulen an Tromp zurückgab.

Die Schlammschlacht war nicht nur in der Öffentlichkeit ausgetragen worden, sondern hatte auch eine diplomatische Qualität. De Petersen fürchtete eine Parteinahme Wilhelms III. von Oranien zugunsten Tromps und wandte sich noch im September 1679 mit einem zwölfseitigen Brief an seinen Gönner, Herzog Johann Friedrich von Braunschweig-Calenberg, kurz vor dessen Tod und zu einem Zeitpunkt, als der Konflikt eigentlich schon beendet war. Auch hier ließ de Petersen kein gutes Haar an den „Schelmenstücken des Trompen" und versicherte dem Herzog, dass wegen Tromps Verhalten auch der Prinz von Oranien und die Generalstaaten „sich nicht wenig Embarassiert gefunden".[98] Neben den überhöhten finanziellen Forderungen Tromps war es vor allem der Affront gegen seinen „publique Caracter", der den eitlen Emporkömmling de Petersen erzürnte und nach „merklicher Satisfaktion" verlangte.[99] Der Brief steht am Ende einer umfangreichen Korrespondenz zwischen de Petersen und dem Herzog von Hannover zu diesem Vorgang.[100]

---

hage 1941. S. 213-217. Quelle auch als Digitalisat über Institutsbibliotheken zu nutzen: Missive, geschreven door de heer Baron van Petersen, raad, resident, en commissaris generael ... 1677 (https://opac.sub.uni-goettingen.de/DB=1/LNG=DU/CMD?ACT=SRCHA&IKT=1016&SRT=YOP&TRM=missive%20baron%20de%20petersen). Zu dem Skandal vgl. auch Prud'homme van Reine. S. 366-368, und insb. Kalff. S. 17-23.

[98] Brief Jacob de Petersen an Herzog Johann Friedrich von Hannover. 23. September 1679. Niedersächsisches Landesarchiv NLA HA Cal. Br. 24 Nr. 2931. Bl. 77-82v, hier Bl. 80.

[99] Ebda. Bl 80v.

[100] Vgl. insb. auch Niedersächsisches Landesarchiv NLA HA Cal. Br. 24 Nr. 2941.

<u>Schluss – Die Grenze der Untersuchung</u>

Im Konflikt zwischen Cornelis Tromp und Jakob de Petersen sind zwei eitle und schwierige Charaktere aufeinandergestoßen, wobei Tromp als Holländer und populärer Seeheld gegenüber dem Emporkömmling eine überlegene Ausgangsposition hatte. De Petersen zog nun alle Register, um sich sein Recht zu verschaffen und sein Gesicht zu wahren, und die Vermutung, dass seine Baronisierung mit dem Konflikt zusammenhing,[101] lässt sich anhand der Akten in Hannover bestätigen. Insbesondere aber lag de Petersens Strategie darin, Cornelis Tromp als Ehrenmann zu demontieren – einerseits in der Öffentlichkeit, andererseits bei der Obrigkeit. Es ging de Petersen darum, der „Welt" den wahren Charakter des „Trompen" vor Augen zu führen: Auch in einem Brief vom November 1675 an seinen „tres honoré amy", den hannoverschen Kammerpräsident Otto Grote zu Schauen (1637-1693), rechtfertigte de Petersen seine Veröffentlichung von Prozessakten damit, dass „die Welt des Trompen erschreckliche proceduren kündich werden möchte".[102] Dazu wäre auch Vermeers Bild *Das Mädchen mit dem Weinglas* geeignet, das Tromp in ein denkbar schlechtes Licht rückt und ihn als zerknirschten Verlierer von 1666 darstellt. In der Person Tromps und in seiner Beziehung zum Umfeld der Welfen könnte eine Erklärung dafür liegen, warum *Das Mädchen mit dem Weinglas* nach Salzdahlum kam. Es ist nicht davon auszugehen, dass die Aufnahme des Bildes in die Sammlung deshalb erfolgte, weil es sich um einen Vermeer handelte. Vermeer war um

---

[101] Kalff. S. 23.
[102] Brief Jacob de Petersen an Otto Grote zu Schauen. 29. November 1675. Niedersächsisches Landesarchiv NLA HA Cal. Br. 24 Nr. 2941. Bl. 44v.

1700 vergleichsweise unbekannt und in keiner Sammlung außerhalb der Niederlande vertreten.[103] Das Bild war trotz der hohen Qualität damals nicht gerade ein Prestigeobjekt.

Der Nachweis darüber, wie und wann das Bild nach Salzdahlum kam, konnte im Zuge der vorliegenden Untersuchung nicht mehr erbracht werden. Der Verdacht liegt nahe, dass de Petersen oder jemand aus seinem Umfeld es erwarb und nach Hannover lieferte, um auch mittels eines Gemäldes der Welt die „Schelmenstücken des Trompen" vor Augen zu führen. Vielleicht ist das Bild später als diplomatisches Geschenk oder im Tausch nach Salzdahlum gelangt. Originell ist die Vorstellung, dass dieses Bild von Cornelis Tromp nun tatsächlich in aller Welt bekannt ist.

---

[103] Vgl. Michael Wenzel: Wir hoffen durch praesentation dieses Tisches eine erleichterung unserer Unterthanen zu erlangen – Kunstpolitik und Kunstdiplomatie im 17. Jahrhundert: eine Annäherung. In: Jochen Luckhardt (Hg.): „…einer der größten Monarchen Europas"?! Neue Forschungen zu Herzog Anton Ulrich. Petersberg 2014. S. 10-21, hier S. 13.

Literatur und Quellen

Akker, Dries van den u. Paul Begheyn: Johannes Verneer en de jezuïeten in Delft. Baarn 2023.

Bailey, Anthony: Vermeer. Aus dem Englischen von Bettina Blumenberg. Berlin 2002.

Berserik, C. J. u. J. M. A. Caen: Flanders, Bd. 1: The Province Antwerp (Corpus Vitrearum Belgium. „Checklist" Series. Flanders, Checklist I. Silver-Staines Roundels and Uniparite Panels before the French Revolution). Turnhout 2007.

Biermond, Jan. In: Vermeer – Die Malkunst. Spurensicherung an einem Meisterwerk. Eine Ausstellung des Kunsthistorischen Museums Wien. Hg. v. Sabine Haag, Elke Oberthaler u. Sabine Pénot. Wien 2009. S. 165-167.

Bittner, Ludwig und Lothar Groß: Repertorium der diplomatischen Vertreter aller Länder seit dem Westfälischen Frieden (1648), Bd. 1. Oldenburg 1936.

[Bosch, L. van den:] Leven en bedryf van den vermaarden zeeheld Cornelis Tromp …; Ondermengd met de voornaamste daaden van andere zeehoofden, en voornaamentlijk met die van Marten Harpertsz Tromp. Amsterdam 1692.

Bünting, Heinrich: Braunschweig-Lüneburgische Chronica, Oder: Historische Beschreibung Der Durchlauchtigsten Herzogen zu Braunschweig und Lüneburg. III. Tomus, Das Neue Haus Braunschweig-Lüneburg samt dem Anhang oder Nachlese, und Register. Braunschweig 1722 (https://www.digitale-sammlungen.de/de/view/bsb10938209?page=,1, zuletzt geöffnet 19.10.2024).

Büttner, Nils: Vermeer. München 2010.

Cats, Jacob: Spiegel van den ouden ende nieuvven tijdt, bestaende uyt spreeck-woorden ende sinsreucken. 's-Gravenhage 1632 (https://archive.org/details/spiegelvandenoud00cats/page/n12/mode/2up, zuletzt geöffnet 13.6.2024).

Fassbinder, Horant: Reflexionen über die Liebe. Jan Vermeers Mädchen mit dem Weinglas im Herzog Anton Ulrich-Museum Braunschweig. Köln 2010 (https://archiv.ub.uni-heidelberg.de/artdok/5615/1/Fassbinder_Reflexionen_ueber_die_Liebe_2008.pdf, zuletzt geöffnet 10.1.2025). Auch erschienen in: Victoria von Flemming u. Alma-Elisa Kittner (Hg): Barock – modern? (Graue Reihe). Köln 2010. S.184-242.

Franits, Wayne: Dutch Seventeenth-Century Genre Painting. New Haven, London 2004.

Gatenbröcker, Silke: Johannes Vermeer. Genau beobachtet, verführend gemalt. Vortrag im Rahmen der Ausstellung „Johannes Vermeer. Vom Innehalten". Staatl. Kunstsammlungen Dresden, Gemäldegalerie, 23.11.2021. Video 44:15 min (https://www.youtube.com/watch?v=aaaQJN9XTBs, zuletzt geöffnet 13.6.2024).

Gatenbröcker, Silke: Im Fokus. Das Mädchen mit dem Weinglas (Johannes Vermeer). Video 9:42 min (https://www.youtube.com/watch?v=-dKI8dbgTdg, zuletzt geöffnet 13.6.2024).

Hahne, Otto: Peter der Große in Salzdahlum und Braunschweig. In: Braunschweigisches Magazin, 19. Jg., 1913, Nr. 3. S. 25-30.

Hallema, Anne: Cornelis Maartenszoon Tromp 1629-1691. Een schets van het leven en bedrijf van Admiraal Tromp. 's-Gravenhage 1941.

Hertel, Christiane: Vermeer. Reception and Interpretation. Cambridge 1996.

Hoet, Gerhard: Catalogus of naamliyst van schilderijn met derzellver prijzen. Bd. 1. Den Haag 1752. S. 34, Nr. 9 (https://archive.org/details/catalogusofnaaml01hoet/page/34/mode/2up, zuletzt geöffnet 12.12.2024).

't Jong, Henk: Wat was Riede en waar lag het? (2). 22.2.2017 (https://apudthuredrech.nl/tag/brabant/, zuletzt geöffnet 13.6.2024).

Jonge, Johannes Cornelis de : Over den oorsprong der Nederlandsche vlag. Den Haag 1831. S. 79 (https://www.digitale-sammlungen.de/de/view/bsb10273828?page=,1, zuletzt geöffnet 21.5.2025).

Kalff, Gerrit: De illustere baronnen De Petersen. Bijdrage tot de geschiedenis van het Amsterdams Patriciaat en van de West-Indische Compagnie. Amsterdam 1952.

Lagerlöf, Margaretha Rossholm: A Painting whithout Genre. Meaning in Jan Vermeer's The Girl whith the Wine Glass. In: Konsthistorisk tidskrift, 79 (2), 2009. S. 77-91.

Menzel, Gerhard W.: Jan Vermeer. Leipzig 1977.

Montias, John Michael: Vermeer and his Milieu. A Web of Social History. New Jersey 1989.

Neurdenburg, Elisabeth: Johannes Vermeer. Eenige opmerkingen naar aanleiding van de nieuweste studies over den Delftschen Schilder. In: Oud Holland, 56, 1942. S. 65-73.

Prud'homme van Reine, Ronald: Schittering en Schandaal. Biografie van Maerten en Cornelis Tromp. Amsterdam, Antwerpen. 2001.

Querfurt Tobias (Hg.): Kurtze Beschreibung Des Fürstl. Lust-Schlosses Saltzdahlum. Herausgegeben und dem durchl. Fürsten und Herrn, Herrn Anthon Ulrich, Hertzogen zu Braunschweig und Lüneburg unterthänigst gewidmet von Tobias Querfurt. Johann Georg Zilliger, Braunschweig 1710 (https://doi.org/10.24355/dbbs.084-200711150100-1, zuletzt geöffnet 21.6.2024).

Roelofs, Pieter: Vermeer näherkommen. Ein Einblick in das Haus des Delfter Malers und seiner Familie. In: Pieter Roelofs u. Gregor J. M. Weber: Vermeer (Ausstellungskatalog, Rijksmuseum Amsterdam). Stuttgart 2023. S. 42-95

Rowen, Herbert H.: John de Witt. Grand Pensionary of Holland. 1625-1672. Princeton, New Jersey 1978.

Salomon, Nanette: From Sexuality to Civility: Vermeers Women. In: Ivan Gaskell u. Michiel Jonker (Hg): Vermeer Studies (Studies in the History of Art, 55). New Haven, London 1998. S. 309-322.

Schneider, Norbert: Johannes Vermeer. 1632-1675. Verhüllung der Gefühle. Köln 1993.

Schneider, Norbert: Vermeers „Atelier"-Bild in Wien. Versuch einer Neudeutung. Abschiedsvorlesung gehalten am 19. Mai 2010. Karlsruhe 2011.

Slager, H. G.: Johannes Vermeer and Rhoon castle. 2022. S. 2-5 (http://www.essentialvermeer.com/misc/Johannes-Vermeer-and-Rhoon-castle.pdf, zuletzt geöffnet 13.6.2024).

Snow, Edward A.: A Study of Vermeer. Berkeley, Los Angeles, London 1979.

Suchtelen, Ariane van: Modische Eindringlinge. In: Pieter Roelofs u. Gregor J. M. Weber: Vermeer (Ausstellungskatalog, Rijksmuseum Amsterdam). Stuttgart 2023. S. 174-191.

Thoré, Théophile: Van der Meer de Delft (1). In: Gazette des beaux-arts: la doyenne des revues d'art, 21, 1866, Nr. 4. S. 297-330 (https://doi.org/10.11588/diglit.19278.28, zuletzt geöffnet 13.6.2024).

Thoré, Théophil: Jan Vermeer van Delft. Deutsch von Paul Prina Leipzig 1906 (Übersetzung von Thoré, Theophile: Van der Meer de Delft. In: Gazette des beaux-arts, a.a.O.).

Vander Auwera, Joost: Taking Local History Seriously. The Case of the Chandelier in *Saint Luke painting the Virgin* by Abraham Jansson van Nuyssen and in *The Art of Painting* by Johannes Vermeer van Delft. In: Ders. (Hg): Liber Amicorum Raphael de Smedt, 2. Artium Historia (Miscellanea Neerlandica, XXIV). Leuven 2001. S. 317-338.

Weber, Gregor J. M.: Vermeer's Use of the Picture-within-a-Picture. A New Approach. In: Vermeer Studies (Studies in the history of Art 55. Symposium Papers XXXIII). Hg, v. Ivan Gaskell u. Michiel Jonker. New Haven, London 1998. S. 295-307.

Wenzel, Michael: Wir hoffen durch praesentation dieses Tisches eine erleichterung unserer Unterthanen zu erlangen – Kunstpolitik und Kunstdiplomatie im 17. Jahrhundert: eine Annäherung. In: Jochen Luckhardt (Hg): „…einer der größten Monarchen Europas"?! Neue Forschungen zu Herzog Anton Ulrich. Petersberg 2014. S. 10-21.

Wheelock, Arthur: Die Malkunst. In: Vermeer – Die Malkunst. Spurensicherung an einem Meisterwerk. Eine Ausstellung des Kunsthistorischen Museums Wien. Hg v. Sabine Haag, Elke Oberthaler u. Sabine Pénot. Wien 2009. S. 19-39.

Würtenberger, Franzsepp: Das holländische Gesellschaftsbild. Freiburg i. Br. 1937.

Zuidervaart, Huib: Een nieuwe theorie over twee schilderijen van Johannes Vermeer (1632-1675). In: Delfia Batavorum Jaarboek, 28, 2018. S. 9-32. Englische Übersetzung: A New Theory on the Origin of Two Paintings by Johannes Vermeer (1632-1675) of Delft (2019) [published 23 May 2019] (http://www.essentialvermeer. com/history/2019-05-Zuidervaart-A-New-Theory-on-the-Origin-of-Two-Paintings-by-Vermeer.pdf, zuletzt geöffnet 13.6.2024).

<u>Abbildungsverzeichnis</u>

Abbildung 1: Johannes Vermeer, Das Mädchen mit dem Weinglas, 1658-1659, Öl auf Leinwand, 78 cm x 67 cm. Herzog Anton Ulrich Museum, Braunschweig (https://upload.wikimedia.org/wikipedia/commons/archive/1/1f/20181109154504%21Jan_Vermeer_van_Delft_006.jpg).

Abbildung 2: Johannes Vermeer, Das Mädchen mit dem Weinglas, die Fluchtlinien (gelb), der Goldene Schnitt (schwarz).

Abbildung 3: Bartholomeus van der Helst, Maria Stuart als Witwe von Willem II, 1652, Öl auf Leinwand, 199,5 cm x 170 cm, Rijksmuseum, Amsterdam (https://id.rijksmuseum.nl/200109365).

Abbildung 4: Johannes Vermeer, Das Mädchen mit dem Weinglas, Ausschnitt: Der Mann am Tisch.

Abbildung 5: Abraham Evertsz. van Westerveld, Cornelis Tromp, datiert 1650-1692, Öl auf Holz, 40 cm x 33 cm. Rijksmuseum Amsterdam (https://id.rijksmuseum.nl/200108840).

Abbildung 6: Jan Steen, Abendmahl in Emmaus, 1665-1668, Öl auf Leinwand, 134 cm x 104 cm, Rijksmuseum, Amsterdam (https://id.rijksmuseum.nl/20026350).

Abbildung 7: Johannes Vermeer, Das Mädchen mit dem Weinglas, Ausschnitt: Der Kavalier.

Abbildung 8: Jan de Baen (Zuschreibung), Porträt von Willem Joseph Baron van Ghent (1626-1672), 1667-1702, Öl auf Leinwand, 111 cm x 92,5 cm. Rijksmuseum Amsterdam, Ausschnitt (https://id.rijksmuseum.nl/20026530).

Abbildung 9: Johannes Vermeer, Das Mädchen mit dem Weinglas, Ausschnitt: Fenster.

Abbildung 10: Johannes Vermeer, Das Mädchen mit dem Weinglas, Ausschnitt: Abbreviatur „Epc".